Raimundo Santa Helena

Biblioteca de Cordel

Raimundo Santa Helena

Introdução
Braulio Tavares

hedra

São Paulo, 2012

Capa
Júlio Dui
(*sobre detalhe de xilograma de Erivaldo na capa, feita para o folheto* Violência e terror *(2000), e de Joel nas orelhas e quarta-capa, feita para o folheto Guerra de Canudos (1997), ambos de Raimundo Santa Helena.*)

Projeto gráfico e editoração
Hedra

Revisão
Helder Ferreira

Direção da coleção
Joseph Maria Luyten

Dados Internacionais de Catalogação na Publicação (CIP)
(Câmara Brasileira do Livro, SP, Brasil)

Helena, Raimundo Santa, 1926–.
Raimundo Santa Helena/ Introdução e seleção Braulio Tavares.
— São Paulo: Hedra, 2003. — (Biblioteca de Cordel)

ISBN 85-87328-39-5

Bibliografia.
1. Helena, Raimundo Santa, 1926–. 2. Literatura de cordel—Brasil. 3. Literatura de cordel—Brasil—História e crítica. I. Tavares, Braulio. II. Título. III. Série

01-2610 CDD-398.20981

Índices para catálogo sistemático:
1. Brasil: Cordelistas: Biografia e obra: Literatura folclórica 398.20981
2. Brasil: Literatura de cordel: História e crítica: Folclore 398.20981

[2012]

EDITORA HEDRA
R. Fradique Coutinho, 1139, subsolo
CEP 05416-011, São Paulo-SP, Brasil
+55-11-3097-8304
editora@hedra.com.br
www.hedra.com.br

Foi feito depósito legal.

BIBLIOTECA DE CORDEL

A literatura popular em verso passou por diversas fases de incompreensão e vicissitudes no passado. Ao contrário de outros países, como o México e a Argentina, onde esse tipo de produção literária é normalmente aceita e incluída nos estudos oficiais de literatura – por isso poemas como "La cucaracha" são cantados no mundo inteiro e o herói do cordel argentino, Martín Fierro, se tornou símbolo da nacionalidade platina –, as vertentes brasileiras passaram por um longo período de desconhecimento e desprezo, devido a problemas históricos locais, como a introdução tardia da imprensa no Brasil (o último país das Américas a dispor de uma imprensa), e a excessiva imitação de modelos estrangeiros pela intelectualidade.

Apesar da maciça bibliografia crítica e da vasta produção de folhetos (mais de 30 mil folhetos de 2 mil autores classificados), a literatura de cordel – cujo início remonta ao fim do século XIX – continua ainda em boa parte desconhecida do grande público, principalmente por causa da distribuição efêmera dos folhetos. E é por isso que a Editora Hedra se propôs a selecionar cinquenta estudiosos do Brasil e do exterior que, por sua vez, escolheram cinquenta poetas populares de destaque e prepararam um estudo introdutório para cada um, seguido por uma antologia dos poemas mais representativos.

Embora a imensa maioria dos autores seja de origem nordestina, não serão esquecidos outros polos produtores de poesia popular, como a região sul-riograndense e a antiga capitania de São Vicente, que hoje abrange o interior de São Paulo, Norte do Paraná, Mato Grosso, Mato Grosso do Sul, parte de Minas Gerais e Goiás. Em todos esses lugares há poetas populares que continuam a divulgar os valores de seu povo. E isso sem nos esquecermos do Novo Cordel, aquele feito pelos migrantes nordestinos que se radicaram nas grandes cidades como Rio de Janeiro e São Paulo. Tudo isso resultará em um vasto panorama que nos permitirá avaliar a grandeza da contribuição poética popular.

Acreditamos, assim, colaborar para tornar mais bem conhecidos, no Brasil e afora, alguns dos mais relevantes e autênticos representantes da cultura brasileira.

Dr. Joseph M. Luyten (1941–2006)

Doutor pela USP em Ciências da Comunicação, Joseph Luyten foi um dos principais pesquisadores e estudiosos da literatura de cordel na segunda metade do século XX. Lecionou em diversas universidades, dentre as quais a Universidade de São Paulo, a Universidade de Tsukuba (Japão) e a Universidade de Poitiers (França), onde participou da idealização do Centro Raymond Cantel de Literatura Popular Brasileira. Autor de diversos livros e dezenas de artigos sobre literatura de cordel, reuniu uma coleção de mais de 15 mil folhetos e catalogou cerca de 5 mil itens bibliográficos sobre o assunto.

Joseph Luyten idealizou a Coleção Biblioteca de Cordel e a coordenou entre os anos de 2000 e 2006, período em que publicamos 22 volumes. Os editores consignam aqui sua gratidão.

SUMÁRIO

INTRODUÇÃO

A VIDA

"Raimundo Santa Helena nasceu em 6 de abril de 1926, num trólei rodando à vara. Sua cabeça nasceu na Paraíba e o restante no Ceará."

Assim se inicia o perfil autobiográfico que o poeta Raimundo Santa Helena (seu nome de batismo é Raimundo Luiz do Nascimento) reproduz na maioria de seus folhetos. Esta abertura estabelece o tom dos seus relatos sobre si próprio: cheios de fatos desconcertantes (logo confirmados por farta documentação), e impregnados daquele realismo nordestino onde se misturam o estranho, o bizarro, o inesperado.

Raimundo Santa Helena é um dos cordelistas mais conhecidos do Rio de Janeiro, graças a uma atividade incansável que o leva a estar presente a qualquer evento cultural onde possa caber a presença de um representante da literatura popular. Sua fluência verbal e seu carisma o tornam um ponto de referência obrigatório dos "pauteiros" (jornalistas que estabelecem a pauta das reportagens e entrevistas) dos jornais, do rádio e da televisão. Santa Helena é fundador da Cordel-Rio e da Cordelbrás (1980–81), da Academia Brasileira de Letras de Cordel (1986), e é presidente de honra da Associação dos Repentistas e Cordelistas do Brasil. Em 1983, candidato a uma vaga na

Academia Brasileira de Letras (ABL), chegou a obter quatro votos.

Santa Helena, contudo, é mais interessante pelo seu estilo próprio de fazer cordel do que por estas atividades, por mais louváveis que sejam. Seu cordel, que ele descreve como "urbano", "jornalístico" e "didático", tem características tão peculiares que para alguns puristas chega a ser uma deformação ou deturpação do cordel tradicional. O objetivo desta introdução é examinar o estilo próprio de Santa Helena e indicar não apenas a sua legitimidade como meio de expressão, mas também a abertura de novas possibilidades para os que cultivam aquilo que Ariano Suassuna denomina Romanceiro Popular Nordestino.

Quase todos os folhetos de Raimundo Santa Helena trazem fragmentos autobiográficos, e ele vem ao longo dos anos montando um livro de memórias sob o título *Um marujo na esquina do mundo*. Neste ensaio, vamos nos contentar com um resumo baseado nas informações do próprio poeta. Seu pai, também chamado Raimundo Luiz do Nascimento, cearense do Quixadá, era mestre-de-linha da Rede Viação Cearense; sua mãe, Rosa Ferreira do Nascimento, era maranhense. O pai fugiu do Ceará por causa da seca de 1915, e acabou se fixando no sertão de Cajazeiras, perto da fronteira entre o Ceará e a Paraíba, na localidade que veio a se chamar Canto do Feijão (depois Santa Helena).

Meu pai construiu uma igreja, várias casas, e uma caixa d'água, e com essa caixa dágua ele obrigou o trem a ficar parando ali. Depois combinou com o padre e transferiram a feira do domingo para a segunda-feira, e aí tudo que sobrava nas feiras dos outros municípios o pessoal ia vender lá, baratinho. Depois, ele construiu um açude comunitário e entrou em choque com os coronéis do lugar.

A morte do pai de Santa Helena às mãos de Lampião é um dos episódios mais repisados de sua biografia, e motivou inclusive sua fuga de casa, aos onze anos, armado de um canivete, para vingar-se. Em Fortaleza, quando estava morando num bordel, foi acolhido por uma professora, Dona Carmen, que lhe deu trabalho, apoiou seus estudos, e o fez entrar para a Escola de Aprendizes Marinheiros do Ceará.

Na Marinha, Santa Helena participou da Segunda Guerra Mundial e estudou nos Estados Unidos, o que lhe deu conhecimentos básicos de inglês que lhe seriam úteis no futuro, na composição de seus cordéis bilíngues. Morando no Rio de Janeiro a partir do fim da Guerra, ele permaneceu na Marinha até 1979, quando, depois de organizar o I Congresso Brasileiro de Poetas de Cordel, deu início a sua produção poética oficial.

A CARREIRA POÉTICA

Raimundo Santa Helena afirma ter aprendido a fazer versos ainda garoto, nas ruas de Iguatu (Ceará), ao ver a apresentação de repentistas na rua. Recordando os folhetos cantados por sua mãe, ele assimilou rapidamente a maneira como os versos eram organizados, tornou-se capaz de decorar grande parte do que ouvia, e logo conseguia produzia seus próprios versos.

Quando servia na Marinha, em 1945, o comandante do navio chamou certo dia toda a tripulação e, pelo microfone, anunciou que a guerra havia acabado. Houve uma euforia total, com os marinheiros abraçando-se, jogando os bonés para o alto e dando vivas. Entusiasmado, Santa Helena pediu o microfone e improvisou:

Hoje terminou a guerra
De irmão contra irmão!
Vou voltar pra minha terra,
Vou plantar no meu sertão!
Corpo e alma decepados
Pensando nos fuzilados
Desconhecidos soldados...
Fazer guerra? Nunca, irmão.

Os versos iam sendo recebidos com aplausos entusiasmados, mas quando o poeta produziu uma linha que dizia "O japonês, nosso irmão...", oficiais logo o agarraram, tirando-lhe da mão o microfone. Só então o repentista improvisado descobriu que tinha acabado apenas a guerra com Alemanha e Itália, mas que a guerra com o Japão continuava... O episódio lhe valeu alguns dias na cadeia, da qual o comandante acabou por tirá-lo, percebendo o mal-entendido.

Foi só depois de 1980, no entanto, que Raimundo Santa Helena começou a publicar folhetos. O primeiro foi *Seios nus*, com xilogravura de Ciro Fernandes. Por que o tema?

Porque eu queria falar sobre as belezas da vida. E uma das belezas da vida é uma mulher correndo, com os cabelos soltos ao vento, um vestido fino, os seios balançando...

Seu segundo folheto teve como tema os cacófatos da linguagem coloquial:

Se tu corres deste jeito
Nesta noite enluarada,
Amanhã de madrugada
Já terás o Cooper feito...

Diga "poxa", nunca "pô"
Ou não pense nunca nisso...
Brigando com Padre Ciço,
Lampião nunca ganhou...

Diga bem deste país,
Nunca diga da nação...
Diga sempre Adão e Eva,
Nunca diga Eva e Adão...

Santa Helena lembra que foi o professor Raymond Cantel quem o alertou para o perigo de desviar-se em demasia do modelo tradicional do cordel:

> Cantel sugeriu que eu não descaracterizasse os estilos e as rimas, o que eu fizera, tentando oferecer o cordel nas metrópoles ao sabor de novos leitores. Eu estava equivocado. Cantel tinha razão. Mudei e me submeti à força da tradição, a partir do folheto nº. 13, de 21-12-1980, "Discussão de São Pedro com Nelson Rodrigues".

O poeta tem a norma de numerar e datar seus folhetos, o que, num universo como o do cordel, é uma ajuda inestimável aos futuros pesquisadores — mesmo que num ou noutro folheto note-se uma inconsistência entre numeração e data, quando comparadas às de outros. Em 2000, ele publicou o folheto 242, *Violência e Terror*, sobre o crime do ônibus 174, no Rio de Janeiro, quando uma professora foi morta por um sequestrador no momento em que um policial tentou alvejá-lo precipitadamente. Santa Helena se gaba de ter composto os versos em apenas 45 minutos, atendendo a um pedido do jornal *Extra*, que preparava uma matéria especial sobre o fato. "Fui um verdadeiro repentista," diz o poeta, com orgulho.

A temática dos folhetos de Raimundo Santa Helena não se afasta muito da de outros "poetas repórteres" como José Soares ou Rodolfo Coelho Cavalcante. Grande parte se volta para o elogio ou o necrológio de vultos da política, da literatura ou da história. São igualmente numerosos os folhetos "de época", sobre crimes de grande repercussão, acidentes, eventos políticos ou futebolísticos etc., bem como folhetos circunstanciais ou de encomenda. Em sua obra, o poeta destaca *O menino que viajou num cometa*, de 1986, como um folheto diferente, voltado para o público infantil.

O sexo aparece com frequência na obra de Santa Helena, não como tema erótico, mas como objeto de folhetos didáticos — o que já lhe valeu acusações de "fazer folheto pornô". Seus folhetos *Swing, sexo dos chifrudos*, *Masturbação* e *Meretriz x Homossexual*, todos de 1981, tinham na capa o aviso: *Impróprio para menores de 14 anos.* Em 1985 ele lançou mais um didático: *Aids / Fimose / Vasectomia / Potência de gay*:

Nem pra câncer, com certeza,
Pólio, gota, "pinel", nem
Lepra, raiva, gripe, chagas,
Hemofilia também...

Neste mundo poluído,
Pra cada vírus vencido
São mais dois vírus que vêm!

[...]

Deus lhe deu, homem maduro,
Eterno entusiasmo —
O pênis bem motivado
Jamais será pão de asmo...
Vontade: fermento nato!
Mas a fimose no ato
Prejudica o orgasmo...

[...]

Atenção jovem marido,
Não vá entrar numa fria:
Antes dos 40 anos
Fazer vasectomia
É ferir a Natureza
Que reage com firmeza
E muita sabedoria...

[...]

"Bicha, baitola, veado,
Travesti, marica, gay",
Tu dizes, eu não direi
Do meu irmão tão xingado

Muito pouco pesquisado —
Zonas erógenas tem
Nas nádegas (tu também),
Mas escondes no machismo,
No medo ou egoísmo...
Tens vergonha do sedém...

Entre os cordelistas urbanos, Raimundo Santa Helena se destaca pela naturalidade com que aborda temas que, para poetas populares de formação conservadora, são um rigoroso tabu. Embora suas preleções oscilem entre o moralismo sertanejo e a permissividade urbana, o importante nestes folhetos é o desassombro com que o poeta aborda os assuntos, e que resulta, sem dúvida, do fato de saber-se escrevendo para um público em grande parte carioca, urbano, acostumado a ver esses mesmos temas tratados na imprensa escrita e na televisão.

Em qualquer obra de cordelista são frequentes os folhetos de encomenda, feitos a pedido de entidades ou de eventos. Santa Helena tem, entre outros, o *1º encontro de casais com Cristo*; *Santa Júlia*, feito para a Congregação das Irmãs de Nossa Senhora; o *Convite de Formatura* para os cursos de História e de Ciências Sociais da Universidade Federal Fluminense em 1981 (no qual o poeta afirma ser "autor do 1º convite de casamento e do 1º estatuto social em versos"); e *Mãos à obra nas escolas*, do qual foram tirados 500 mil exemplares, por encomenda do Governo do Estado do Rio, em 1983.

A candidatura do poeta à ABL foi reforçada por folhetos como *Ô de casa!* e *Plataforma de um poeta de cordel imortável*:

Ser chamado de imortal
Acho que é muito bom
Dar palpites no Plenário
Eu farei em alto som
E já que não vou pro Céu
Quero ir pro Mausoléu
Quero fardão e jeton...

Num folheto de 1989, *Se eu voltar a falar*, o poeta registra o período de 72 dias que passou sem falar, devido a uma cirurgia nas cordas vocais. O folheto traz ilustrações anatômicas descrevendo o aparelho fonador e versos como:

Ouço mas perdi a fala
Nessa gogó-cirurgia
Não rezo mais Pai-Nosso
Nem canto Ave-Maria
Mas no meu silêncio grito
Lá pro Céu no infinito
Com a voz da Poesia...

Escuto a gritaria
Da criançada na rua
Das multidões nos estádios
Da garganta da perua...
Hoje amanhã seguinte
Viver só pra ser ouvinte
É ser noite sem ter Lua...

São muitos os personagens da história e da cultura brasileira homenageados por Raimundo Santa Helena em seus folhetos.

Ulysses Guimarães:

Vi o boné ilusório
Chutei as ondas... chorei!
Mas "navegar é preciso"
Lá na praia eu pensei.
Na cadeira sem suplente
Ulysses está presente...
Se Deus quis assim: É Lei!

Doutor Ulysses foi rei
Na vida parlamentar
E em tudo foi tão grande
Que na hora de mudar
Troca o chão do cemitério
Pelo imenso mistério
Das profundezas do mar...

Os Mamonas Assassinas:

Deus do céu quando fecha um portão
Geralmente destranca dez janelas
Folga todos os trincos e tramelas
Da cacimba Deus faz um cacimbão
Ele faz da carroça caminhão
Dos quintais sem sementes faz roçados

Caatingas sem água viram prados
Só não fêz um colchão lá nas colinas
Pra salvar os "Mamonas Assassinas"
De morrerem no chão despedaçados!

Clara Nunes:

No dia 2 de abril
Lá na quadra da Portela
Ao som do surdo a Clara
Foi velada sem capela
E no solo do caixão
Viajou na multidão
De branco, serena, bela...

Garrincha:

Foi tão grande com a bola
No álcool e na paixão
Na solidariedade
E na dor da solidão
Que não estranhei a cena:
A cova era pequena
Pra receber o caixão...

Rodolfo Coelho Cavalcante:

Ninguém mais escreveu tanto
Sobre os mortos e vivos
Do que Rodolfo Coelho
Que agora tem motivos
Pra requisitar a Lua

Que hoje também é sua
Pra metade dos arquivos...

Seus cordéis persuasivos
Dentro deles viajei
Conheci o Universo
Com os Santos conversei
Mas quando vi meu irmão
Sem voz naquele caixão
Vim pra casa e chorei...

Orígenes Lessa:

O Lessa merece taça
Por tudo que escreveu
Que disse fez e que faz
Pelas lições que nos deu
De sincera humildade
Com 80 de idade
Nunca fumou nem bebeu.

Eu não sei que diabo deu
Nesta gente barulhenta
Que festeja toda hora
Escritor que faz 80 —
Foi Drummond foi Pedro Nava
Tira foto filma grava
Bebe come cumprimenta.

O ESTILO SANTA HELENA NO CORDEL

Raimundo Santa Helena é um cordelista cheio de energia, apesar dos 74 anos, presente em qualquer evento cultural do Rio de Janeiro onde haja qualquer referência à poesia popular. Para os amigos, está ali "em defesa da literatura de cordel e da cultura nordestina". Para os desafetos, está "em busca de autopromoção, querendo aparecer". Sempre usando jeans, boné e camiseta, conduzindo uma bolsa cheia de folhetos, volantes e xeroxes de matérias de jornal, e muitas vezes levando embaixo do braço umas enormes cartolinas plastificadas com reproduções de volantes, recortes e fotos onde ele aparece ao lado de pessoas que vão desde Miguel Bezerra e José Duda (tradicionais cantadores da Feira de São Cristóvão) até Fernanda Montenegro, Rubem Fonseca ou o pesquisador de cordel Sebastião Nunes Batista.

A disposição física de Santa Helena para a autopromoção faz com que ele deixa de ser o Poeta para assumir a função do Folheteiro, que na feira (ou em qualquer lugar) tem a obrigação de chamar a atenção de uma plateia, conversar, fazer propaganda, recitar/cantar os versos e vender o produto. Se ao Poeta permite-se que guarde um certo distanciamento do público enquanto "dialoga com as Musas", espera-se e exige-se do Folheteiro que seja incansável, divertido e que dialogue acima de tudo com os fregueses de carne e osso. O Folheteiro é sempre um camelô, um "homem da cobra", um vendedor de quinquilharias na calçada. Deve saber atrair e prender as atenções; e principalmente deve saber fazer aquilo que hoje se chama marketing do produto, ou seja, convencer os possíveis compra-

Literatura de Cordel – Raim... lo Santa Helena 4

O nosso time se move
Corre, chuta, dribla, anda.
Venceu a Nova Zelândia
Sufocada na ciranda:
Zico 2, um de Falcão
E Serginho o "furão"
Faz o gol que Telê manda.

E na torcida a banda
De fuzileiro naval
Lá do "Custódio de Melo"
Transformou em Carnaval
Cada gol que lá se fez –
Birra, junho, 23,
Solta pipa no local.

BRASIL 4 X NOVA ZELÂNDIA 0

2 de julho triunfal,
Nem Xeque anula brado:
Barcelona testemunha
Nosso time entrosado –
Uma falta Éder chuta,
Fillol espalma, na luta
Zico faz um gol chorado.

Jogo reiniciado –
Faz um gol fácil Serginho.
Júnior também faz e dança...
Canta "Voa Canarinho".
Passarela quebra Zico,
Maradona – um jerico,
Coiceou Batistazinho.

BRASIL 3 X ARGENTINA 1

Literatura de Cordel – Raimundo Santa

Nossa rede vira
A trave vira calv
Naquele 5 de jul
Valente adversár
Pés-toleiro toma
Com 3 tiros Paol
Mata 22 Canários.

Nós brigamos por sal
Supertreino deu canse
Serginho, Cerezo, Per
Decepção brasileira.
Contra Seleção Azzurr
Canarinhos levam surr
Com 3 a 2 na coleira.

Enrolamos a Bande
100 milhões os de
Se João Saldanha
Pegar 'Feras' lim
Pro ano oitenta e
Antecipo pra você
Como serão meus r

JOÃO SALDANHA

"...Sem cartolas prep
Nem trinados de parda
Lá se foi a palhaçada
De ser campeão moral.
'Feras' com taça na m
Brasil Tetra Campeão
Do Futebol Mundial. F
Continente Americano,

Literatura de Cordel RAIMUNDO SANTA HELENA

Memórias de um Padre Pecador

JOEL

IMPRÓPRIO PARA MENORES DE 14 ANOS

Literatura de Cordel RAIMUNDO SANTA HE

O BEBÊ TALITA E SUA MÃ MORTOS ABRAÇADOS NESTE MUN VIOLENT

Exemplos de capas e miolos de folhetos de Santa Helena

dores de que eles têm uma enorme necessidade de algo cuja existência desconheciam até alguns minutos atrás.

Como é sabido, há situações em que um cordelista é ao mesmo tempo o poeta (que escreve os versos), o editor (que administra a produção em todas as suas fases), o impressor (que, sozinho ou auxiliado por aprendizes, compõe as páginas, maneja a máquina impressora, separa, dobra, corta e grampeia os folhetos) e o folheteiro (que canta e vende na feira). A evolução econômica do cordel fez com que já nas décadas de 1910–1920 o processo produtivo fosse se desmembrando, e essas funções começassem a ser exercidas por diferentes indivíduos. Às vezes um indivíduo acumula duas ou mais funções, mas, a rigor, todas as combinações possíveis estão presentes no mundo da "poesia de bancada". Muitos autores de cordel jamais puseram a mão numa máquina impressora, ou jamais cantaram folheto em feira.

O processo editorial de Santa Helena, típico de quem trabalha no Rio de Janeiro contemporâneo, é assim resumido pelo poeta:

> Faço o manuscrito a lápis. Depois eu bato a máquina, para retocar. Eu não quero ter computador, porque eu tenho a mania de ser o melhor em tudo que eu faço, então, se eu tiver um computador eu vou ter que parar tudo, para poder ser o melhor naquilo: site, Internet, vou botar meus cordéis todos... Aí eu prefiro pagar a alguém pra fazer tudo isso. Depois de datilografado, eu mando passar pro computador. Depois, eu monto a arte final, numa folha A-4.
>
> Quando disseram que o cordel morreu, sufocado pela grande imprensa, eu passei a me alimentar das notícias, das reportagens. Eu lia todos os jornais; quando três jornais diziam a mesma coisa,

eu considerava verdade, aí fazia o cordel. E também me alimentava fisicamente: as minhas letras eu tiro dos jornais, das revistas. Eu corto com a gilete, letra por letra, página por página. Nunca usei letra-set — aquilo é muito fácil, e eu gosto é de desafio.

Aí, é um trabalho de recortar e colar. Eu monto uma página numas duas horas, no mínimo. Pela prática que eu tenho. Mas depende do material que eu vou usar, porque às vezes tenho que procurar um recorte de jornal, uma foto, e aí demora mais. Aí eu pego a folha A-4, dobro, pego um lápis e vou numerando, senão não dá certo. Aí eu encomendo a Ciro [Fernandes] ou outra pessoa pra fazer a xilogravura, ou o desenho da capa. Aí eu saio procurando quem faz a chapa mais barato. Aqui na Praça da República tem um cara que faz mais barato. Aí com a chapa pronta eu procuro a gráfica e digo: "Quero mil, quero dois mil." Geralmente eu faço dois mil. O custo por unidade dá quase 40 centavos, por folheto.

Meus folhetos eu mando pras universidades do exterior. Kioto, no Japão. Sorbonne. San Diego, nos EUA. Nova York. Cada remessa eles me mandam dez dólares: se eu mandar um cordel, eles mandam dez dólares, se eu mandar dez, eles pagam os mesmos dez. Eles pagam por remessa. Aí eu estou aliviando um pouquinho a sangria das divisas brasileiras, né?

Eu vendo muito quando dou palestra. E o pessoal que revende pra mim, eu dou. Fora do Rio eu tenho no Mercado São José, em Recife. Tenho com Homero do Rêgo Barros, na Casa da Cultura de Recife. No Mercado Municipal de Salvador tem uma banca do Bule-Bule, e o restante é através das universidades, e aqui na Feira de São Cristóvão. Eles vendem a um real. Mas eu ganho principalmente do que eu vendo para o exterior, e nas palestras.

Um escritor profissional tem muitas vezes um agente literário que cuida de sua promoção e dos seus contratos; um cantor de Música Popular Brasileira tem um empresário, que exerce uma função semelhante. Já o cordelista, tanto quanto o cantador de viola, tem a obrigação de ser, ao mesmo tempo, seu próprio empresário e seu próprio divulgador. Auxiliado por sua esposa Yara Lêdo Maltez, Raimundo Santa Helena mantém um registro minucioso de todas as vezes que seu nome é citado nos jornais e de todas as suas participações em programas de rádio e TV. O registro que me forneceu em fevereiro de 2001 lista 822 recortes de jornal entre 1952 e 1999, com a observação: "823 a 950: Ainda não registrados. Veja originais nos arquivos." Note-se que a quase totalidade desses registros cobre os últimos vinte anos da atividade de Santa Helena, após deixar a Marinha: o registro nº. 1 é de 1952, o nº. 2 é de 1975, o nº. 3 é de 1955, e os demais são todos de 1979 em diante. As participações em rádio e TV cobrem o período de 1980 em diante, e chegam a um total de 288 aparições, sendo as mais recentes registradas com maior riqueza de detalhes:

276— Rádio MEC, Rio. 26.05.1998. 9h55min. "Manhã Viva". RSH + doação de órgãos.

277— Rádio MEC, Rio. 22.01.1999. 10h5min. "Manhã Viva" — Eduardo Fajardo. Quebra-quebra no Maracanã. RSH faz sugestões para manter a higiene daquele estádio de futebol.

278— Rádio MEC, Rio. 28.04.1999. 6h40min. Adelzon Alves. RSH + Geraldo do Norte. F. 232 + V. 175 (Yara Lêdo Maltez escutou)

Uma boa parte das polêmicas em que se envolveu Santa Helena diz respeito às intermináveis — e típicas — dissensões internas da "categoria", ou seja, ao entrechoque de poetas, organizados em grupos e entidades de classe. Tais entidades devem chegar a várias dezenas hoje, em todo o Brasil, se considerarmos tanto as associações de cordelistas quanto as outras, mais abrangentes, que incluem cordelistas e cantadores de viola. O perfil desse tipo de associação é uma mistura de academia literária, cooperativa e sindicato. Seus objetivos mais imediatos são a mediação entre a classe profissional que representam e as autoridades, e, num outro estágio, a produção de eventos culturais e edição de obras dos afiliados.

Alguns folhetos de Santa Helena refletem as rivalidades, as brigas, as cisões entre esses grupos. *Festivais da traição* é um "folheto em prosa", na verdade um manifesto de 1984 onde Santa Helena lidera um grupo de 40 signatários, denunciando a utilização dos festivais e entidades de poetas por políticos em busca de votos e alianças. Em *Duelo de Santa Helena com os cobras*, ele simula uma peleja com outros poetas (nomeados apenas pelas iniciais ou por "siglas": AAFA, CiFe, ICaPo, GoFe, SaJoPe, FraMax, CloFil, ZeAn, JaDoPa) onde se defende de críticas reais ou imaginárias:

JaDoPa:

Santelena escreve mas não pensa,
Com seus versos rimados de cordel.
Se pensasse seria mais fiel
Aos ditames da crítica-imprensa,
Pois remar contra ondas não compensa,
E brigar desarmado é letal.
Comprei logo, por isso, meu jornal,
Nele sai as notícias que eu quero.

Pros amigos dou 100, pro resto zero —
Liberdade é unilateral.

Santa Helena:

Não se compra amizade;
Probidade não se vende;
Uma coisa não se rende:
É a força de vontade.
Nossa criatividade
Não pode sofrer censura.
A castração da cultura,
Do direito de resposta,
Das coisas de que se gosta,
Tem um nome: ditadura...

Noutro folheto, *Intrujão*, datado de 1982, percebe-se que o poeta enfrenta resistências. Ele rebate críticas feitas ao seu estilo de cordel, deixando bem claro que no início de sua atividade como poeta houve resistência a um "novato" que tentava fazer um cordel "diferente":

Há "intrujão" lá no Céu,
Purgatório, no Inferno.
Há "intrujão" no outono,
Primavera, no inverno.
Até MONTEIRO LOBATO
Foi um "intrujão novato"
Com seu estilo moderno.

Somente o egoísta
Não aceita estreantes —

Considera intrujões
O que ele já foi antes.
A produção dessa besta
Ou vai direto pra cesta
Ou vai mofar nas estantes.

E no Cordel, por exemplo,
Intrujão, intrometido,
Não é quem tá começando
Ou quem não é conhecido,
Mas quem faz permutação
Do folheto tradição
Pelo Cordel colorido.

Já ouvi algumas críticas ao estilo dos folhetos de Raimundo Santa Helena — críticas ao uso de folhetos bilíngues, ou totalmente vertidos para outros idiomas, e ao uso de fotos, colagens, recortes etc. Outras características do folheto de Santa Helena me parecem menos merecedoras de discussão. O fato, por exemplo, de que num mesmo folheto aparecem duas, três, até quatro obras diferentes já é costumeiro desde Leandro Gomes de Barros, e não me parece ter nenhuma desvantagem. A única vantagem do folheto de "obra única" sobre o folheto múltiplo é a facilidade de sua indexação, o que, convenhamos, é problema do pesquisador, não do leitor ou do poeta.

O poeta não se abate com estas críticas:

Eu frequentava o Sabadoyle [reuniões literárias aos sábados no apartamento de Plínio Doyle, no Rio de Janeiro], e foi lá que Drummond me disse: "Santa Helena, você é uma árvore da montanha. A árvore da montanha só cresce, só floresce, se for muito forte, porque lá no alto venta demais." Foi Drummond também que me aconselhou a comprovar a história da minha vida com documentos, senão muita gente não iria acreditar. Por isso tudo que eu tenho é documentado.

Um folheto de cordel clássico tem um tamanho de 11 x 16 cm, aproximadamente. A capa, em geral feita de papel diferente do miolo, não é incluída na contagem das páginas, que são em geral 8, 16 ou 32. A capa traz uma ilustração, em geral feita em xilogravura, mais o título do folheto e o nome do autor ou editor/proprietário. A 2ª e a 3ª capas (capas internas) ficam em branco; a 4ª capa é usada para avisos, propagandas ou lista de postos de revenda de folhetos. No interior, as páginas são ocupadas apenas pelos versos, tendo na parte central do rodapé o número da página.

Um folheto típico de Raimundo Santa Helena é cheio de "interferências" nesse padrão. Tanto as capas quanto as páginas internas são tratadas da mesma maneira, todas elas ocupadas por versos, fotos, xilogravuras, recortes de jornal, desenhos, fac-símiles de bilhetes pessoais ou de ofícios com papel timbrado, textos em prosa, pequenos ensaios sobre poesia popular, partituras musicais etc. Esses elementos podem ser ordenados na horizontal ou na vertical. A numeração das páginas do folheto começa quase sempre com a 1ª capa, de modo que o folheto de 8 páginas na numeração de Santa Helena seria, pela paginação clássica, um folheto de 4 páginas. A favor de Santa Helena, convém lembrar que nenhum folheto seu tem sequer uma página em branco, e que todas as suas obras têm uma admirável taxa de ocupação do espaço gráfico.

O CORDEL E O ROMANCEIRO

Para situar melhor a posição de Raimundo Santa Helena na poesia popular, é preciso fazer uma distinção importante.

O Romanceiro Popular Nordestino é um fenômeno de literatura oral e existe independentemente de veículos impressos. É um conjunto de obras, temas, estilos e formas poéticas que herdamos da cultura ibérica e que foram irreversivelmente transformados pela dinâmica social do universo nordestino/brasileiro. O Romanceiro não está necessariamente ligado ao folheto de cordel, embora tenha encontrado nele o seu melhor veículo. Pode ser reproduzido de qualquer forma, não só escrita, como sonora — porque é oral em sua origem e em seu espírito.

O folheto de cordel é apenas uma encarnação momentânea desse "espírito". É um suporte gráfico que, por motivos de ordem prática e econômica, abrigou e abriga o Romanceiro nestes últimos cem anos. Mas não se limita a isso: o folheto pode ser usado (e o tem sido) para publicar letras de Música Popular Brasileira, orações e hinos, piadas, propagandas — qualquer tipo de texto. O folheto e o Romanceiro são um casamento bem sucedido, mas nada os obriga a viverem juntos eternamente, até porque a longevidade de um *corpus* literário costuma ser muito maior do que a de um suporte gráfico. O Romanceiro já existia antes de Gutemberg.

O casamento entre o Romanceiro Popular Nordestino e o folheto de cordel deu origem ao termo híbrido "literatura de cordel", ainda hoje fonte de mal-entendidos e de imprecisões, porque designava apenas um formato gráfico, e acabou servindo para designar um gênero literário. Processo semelhante ocorreu com o termo "folhetim" (*feuilleton*), que, como lembra Marlyse Meyer,[1] designava o largo rodapé da primeira página de um jornal, um espaço livre que comportava piadas, charadas, receitas, historietas, novidades. Com o tempo, a palavra virou sinônimo de narrativa fatiada, serializada, geralmente uma obra-em-progresso, e com temas e motivos próprios. Um outro exemplo típico é o termo norte-americano *pulp fiction*, que de início referia-se às revistas impressas nas décadas de 1920–1940 em papel barato, feito da polpa da madeira (*pulp*); aos poucos, o termo passou a designar histórias de qualquer gênero (aventura, policial, ficção científica, horror) onde predominam "[...] ação, romance, heroísmo, sucesso, ambientações exóticas, aventuras fantásticas (geralmente com uma pitada de história de amor), e quase sempre um final feliz".[2] Como se vê, existe mais de um ponto em comum entre essas três literaturas.

Será que tudo que se publica em forma de folheto de cordel pertence à "literatura" do cordel? Imagino que não. Eu próprio já publiquei folhetos com poemas e letras de canções, com a rubrica "Literatura de Cordel" na capa; mas jamais imaginei, ou sugeri, que essas obras pertencessem ao Romanceiro. Romanceiro que, por sua vez, está presente e vivo em numerosas antologias em livro, como aliás esta aqui. Assim, quando a imprensa fala sobre "a decadência da literatura de cordel", "a crise da literatura

[1] Em "Voláteis e versáteis", in *As mil e uma faces de um herói canalha*, pp. 113–117.

[2] Peter Nicholls, "Pulp Fiction", in *The Encyclopedia of Science Fiction*, p. 980.

de cordel" etc., seria preciso deixar mais claro quem está em crise — se o folheto, pela concorrência com outros formatos gráficos, se o Romanceiro, por falta de autores que queiram dar-lhe continuidade.

O cordel surgiu no Nordeste como uma consequência da renovação das tecnologias da indústria gráfica. Sempre que uma nova tecnologia é colocada à disposição de uma indústria, as tecnologias até então em uso começam a tornar-se defasadas e descartáveis. Uma vez descartadas, acabam indo parar nas mãos de quem até então não tinha acesso a elas mas agora pode adquiri-las, porque estão sendo passadas adiante por qualquer preço, ou "encostadas" como ferro-velho.

O Romanceiro Popular Nordestino, no século XIX, subsistia com base na memória e na propagação oral entre os que o cultivavam. Os poetas mantinham cadernos onde copiavam versos próprios e versos de seus mestres ou companheiros; eventualmente, cópias manuscritas desses poemas eram vendidas nas feiras ou trocadas por outras. Nos relatos dos pesquisadores, são os chamados "versos de translado". Câmara Cascudo recorda esta "[...] época em que a cópia era uma forma normal de divulgação literária, como os jornaizinhos colegiais e os boletins secretos."[3] E Manuel Diegues Jr. pondera:

> Folhas soltas ou cadernos de papel registravam a tinta ou a lápis os versos, os fatos, a poesia; e iam passando de mão em mão, circulando de uma área a outra, e assim divulgando-se. Não era desta forma

[3] Em *Literatura oral no Brasil*, p. 197.

neto 79-140-1102.Rio,Brasil,11-11-
3.2 mil exemplares.1ª edição.Produ
artesanal de Raimundo Santa Hele-
poeta do Sertão de Cajazeiras,Pa-
ba,de onde fugiu com 11 anos de i-
e pra vingar a morte de seu pai as
sinado por Lampião em 9-6-1927.Mas
gou em Fortaleza como pau-de-arara,
miu na sarjeta,comeu restos de co-
,porém se reabilitou trabalhando
horas por dia e estudando a noite
galinheiro,a luz de lamparina:In-
sou na Marinha e hoje é ex-comba-
te remunerado.Com este folheto com
a 140 títulos de cordel publica-
com um milhão e 102 mil exempla-
divulgados no Brasil e no estran-
ro.Santa Helena em 04 anos foi ci-
mais de 200 vezes nos jornais,re
as,Rádio e TV, de maneira positi-
pelo seu trabalho em defesa da Li-
tura de Cordel,com mais de 270 pa
ras nas escolas,praças,festivais,
soras de rádio e televisão, etc.
cio Benemérito da Ordem Brasilei-
os Poetas Cordelistas (Salvador,
a), fundada pelo lendário trova-
Rodolfo Coelho Cavalcante.Santa
na foi agraciado por aquela Ins-
ição com os títulos de "Cidadão
ultura Popular" e "Cavalheiro da
m dos Cantadores Repentistas".Fun
a Cordelbrás.No pleito de 25-8-83
cademia Brasileira de Letras,teve
tos.(Yara de Souza,caixa postal

Exemplos de capas e quartas-capas de folhetos de Santa Helena

que se disseminavam receitas de doces e bolos? E também orações religiosas? E ainda os modelos de rendas de bilros?[4]

Certamente eram raras, e caras, as oficinas gráficas onde seria possível imprimir tais versos em meados daquele século. No entanto, a partir dessa época, o linotipo começou a ser adotado pela indústria gráfica de todo o mundo, especialmente pelos jornais, o que tornou mais baratas e mais acessíveis as antigas, agora obsoletas, impressoras de tipos móveis. Seria interessante fazer um levantamento que estabelecesse, nas principais capitais e cidades nordestinas, os momentos em que essa substituição foi feita, e comparar essas datas com o surgimento dos folhetos de cordel — os quais tiveram em Leandro Gomes de Barros, se não o primeiro a imprimi-los, pelo menos o primeiro a consagrá-los como veículo gráfico ideal para o Romanceiro Popular Nordestino. Os poetas nordestinos começaram então a desfrutar de técnicas de que os poetas populares europeus já dispunham desde o século XVIII.

As "inovações" dos folhetos de Raimundo Santa Helena — às quais, diga-se de passagem, ele próprio dá menos importância do que aos versos propriamente ditos — são o resultado de um processo semelhante. Longe de estar "deturpando o cordel", Santa Helena está fazendo o que todo poeta popular fez antes dele: trocando uma tecnologia mais cara e mais complicada por outra que lhe dá resultados mais práticos, por um preço mais acessível. Esta troca, é claro, passa a lhe proporcionar recursos gráficos de outra natureza, que ele aproveita da melhor maneira que pode. Existe um componente lúdico muito in-

[4] Em *Antologia da literatura de cordel*, p. xviii.

teressante no modo como ele usa quatro páginas de um folheto para compor uma galeria de retratos 3x4 de cantadores e cordelistas, ou como, no meio de um folheto como CPI *do Cordel no País das Mamatas*, ele insere uma foto minúscula de sua esposa, com a legenda: "Yara. Tu és um Anjo, meu Bem, eu te amo! (R. Santa Helena)".

Quanto aos folhetos bilíngues, alguns deles vão transcritos neste volume. Percebe-se mais uma vez uma atitude lúdica do poeta, ao rimar palavras nos dois idiomas, e ao encaixá-las na métrica das sextilhas. Por outro lado, ter em mãos um trabalho em inglês amplia o público leitor possível. Mais de uma vez já constatei o interesse de turistas estrangeiros por folhetos de cordel, mas um interesse que os leva a apenas folhear as obras, fazer perguntas... e depois devolvê-las ao vendedor: "Gostaria de comprar," diz o turista, "mas não entendo português..." Com seu inglês aprendido nos tempos de marinheiro, e com uma pequena ajuda dos amigos, Santa Helena traduz suas próprias obras — o mesmo procedimento, aliás, de um autor como João Ubaldo Ribeiro, que traduziu ele próprio seus romances *Sargento Getúlio* e *Viva o povo brasileiro*, com o inglês de que dispunha.

A obra de Raimundo Santa Helena tem uma importância especial porque, além dos seus méritos literários específicos, que podem ser avaliados nesta antologia, ela sinaliza um momento decisivo na cultura brasileira, um momento em que certos meios de produção gráfica/editorial tornaram-se baratos e acessíveis à população. Diferentes grupos de escritores fizeram diferentes utilizações desses recursos. O uso da gilete, da colagem de fotos e palavras, da mistura de tipografia + letra-set + rabiscos e desenhos, não é um procedimento apenas de Santa Helena (ou é seu apenas no mundo do cordel). Estes recursos se espalharam pela imprensa e pela poesia brasileira ao longo da década de 1970. Estão presentes em revistas poéticas como *Pólem*, *Navilouca*, *Código*, *Qorpo Estranho*, *Gang* e incontáveis outras. São um elemento característico da imprensa "marginal" daquela década, desde o *Pasquim* (que deu o "pontapé inicial" em 1969) até *Flor do Mal*, *Verbo Encantado* etc. Estão presentes nos livros "intersemióticos" de Sebastião Nunes (MG) e Valêncio Xavier (PR).

Se passarmos a vista por todas estas publicações daquela época, a chamada produção "marginal", "contracultural", "pop", "desbundada", "nanica", "alternativa" etc. (os rótulos são inúmeros) fica muito mais fácil visualizar o contexto em que Raimundo Santa Helena começou a publicar seus folhetos de cordel, que são um curioso ponto de intersecção entre a tradição literária e a contemporaneidade gráfica. Um momento assim descrito por Julio Plaza:

> O fotolito, a chapa de alumínio e a produção de texto a frio ou fotocomposição, permitiram o estabelecimento da reprografia, isto é, máquinas e equipamentos de repro, multilites domésticas, copiadoras, fac-similadoras, xerox — enfim, diversos equipamentos que democratizaram a produção gráfica e criaram condições instrumentais para a descentralização cultural do poder [...]".[5]

O Romanceiro Popular Nordestino é um conjunto de arquétipos do inconsciente sertanejo, pronto para brotar

[5] Em *O que é poesia marginal*, p. 70.

à luz do sol no momento em que se oferece uma circunstância favorável. Em fins do século XIX, através da agudeza de visão e da pertinácia de Leandro Gomes de Barros, o Romanceiro começou a desaguar no mundo através das gráficas-do-quartinho-dos-fundos. Em fins do século XX, com Raimundo Santa Helena (e certamente outros, de obra menos numerosa ou menos divulgada), o Romanceiro começou a pôr um pé na era da fotocomposição e da reprografia.

E não para por aí. Já existem websites na Internet com cordéis antigos ou contemporâneos. O barateamento acelerado da reprodução digital de textos, imagens e sons (em forma de CD e de CD-ROM) começa a abrir um imenso horizonte de possibilidades para a perpetuação dos textos da tradição e para a veiculação das novas obras. Cabe, sem dúvida, a objeção de que computadores e CDs não são recursos ao alcance de qualquer um, especialmente no Nordeste do Brasil; mas é preciso recordar que esses veículos são tão provisórios quanto o próprio folheto. O Romanceiro é oral e por mais que repouse num suporte material (seja uma folha de papel ou uma tela de computador) só tem sentido quando ganha oralidade. Um folheto de cordel é apenas uma "forma intermediária", como uma peça de teatro publicada em livro.

Acredito que CD-ROMs, computadores e websites podem contribuir para manter vivos a *História da donzela Teodora*, a *Chegada de Lampião no inferno* ou *A fada da borborema*, gerando cópias que possam ser acessadas, impressas e passadas adiante, até serem lidas para novas plateias de crianças, adultos e velhos, atentos e fascinados.

Como uma cobra velha, o Romanceiro pode muito bem se desvencilhar de uma pele que já não lhe sirva e surgir remoçado e idêntico para durar por mais um século. Amém!

Braulio Tavares
Escritor e compositor
Membro da Brazilian Studies Association (BRASA) e da Science Fiction Research Association (SFRA).
btavares13@terra.com.br

BIBLIOGRAFIA

BATISTA, F. Chagas. *Cantadores e poetas populares.* "Biblioteca Paraibana". João Pessoa: Imprensa Universitária, 1997.

BATISTA, Sebastião Nunes. *Antologia da literatura de cordel.* Natal: Fundação José Augusto, 1977.

CASCUDO, Luís da Câmara. *Literatura oral no Brasil.* Coleção "Documentos Brasileiros". Rio/Brasília: José Olympio/MEC, 1978.

LESSA, Orígenes. "A voz dos poetas", in *Literatura popular em versos* — Estudos — Nova Série. Rio de Janeiro: Fundação Casa de Rui Barbosa, 1984.

MATTOSO, Glauco. *O que é poesia marginal.* Coleção "Primeiros Passos", nº. 43. São Paulo: Brasiliense, 1981.

MEYER, Marlyse. *As mil e uma faces de um herói canalha e outros ensaios.* Rio de Janeiro: UFRJ, 1998.

NEUBURG, Victor E. *Popular Literature — A History and Guide.* Londres: Penguin, 1977.

NICHOLLS, Peter & CLUTE, John (Org.). *The Encyclopedia of Science Fiction.* Londres: Orbit, 1993.

ratura de Cordel

RAIMUNDO SANTA HELENA

MALVINAS

MALVINAS

Eu não sei caro leitor
A tua Opinião.
Mas eu não faço pesquisa,
Sou poeta do sertão.
Colonizador Guerreiro,
Para mim é cangaceiro
Com a peixeira na mão.

Vou pegar um avião,
Partir pra Buenos Aires,
Mesmo que haja bloqueio
Como ouve nos Palmares.
Minha fibra nordestina
Defenderá Argentina
No ar, na terra, nos mares.

Antes de tu me julgares
Com tua filosofia,
Relembra esta sentença,
Retrato da tirania:
Com caniço, Inglaterra
Falou: "Nós vamos à Guerra
Fazer uma pescaria".

Aquela nação queria
Humilhar o argentino.
Na trilha da arrogância
No mesmo tom de grã-fino,
Povo não se mobiliza,
Novamente ironiza:
"Sou inglês, não sou latino".

Mas o agressor felino,
Neste mundo é nocivo —
Do Brasil levou o ouro:
Portugal era passivo.
As Georgias invadiram,
Ironias repetiram:
"Um mero aperitivo".

Não tenho objetivo
De narrar este conflito
Com detalhes geográficos.
Meu poema é um grito
No clamor continental
Com valor transcendental
No cosmo do infinitivo.

Não vamos lembrar atrito.
Entre irmãos é assim:
O discordar faz sentido,
Na busca do mesmo fim,
Latinos-americanos,
Historicamente manos...
Bolivar e San Martín.

Vai desabar contra mim
O poder capitalista.
Vou falar noutro cordel
Sobre guerras e conquista,
Quem é joio quem é trigo,
Quem é de fato amigo,
Omisso ou entreguista.

E no meu ponto de vista,
Um estado ou país
Não pode ter duas sedes.
E ninguém me contradiz —
Afirmo sem cerimônia:
Uma delas é colônia
E a outra é matriz.

Ninguém pode ser feliz
Vivendo como escravo —
É preferível morrer
Como patriota bravo.
Quem pela pátria não luta,
Não estuda nem labuta,
Não vale nenhum centavo.

Não seja meu desagravo
Uma tocha no escuro.
Não sou escritor covarde
De pé no bico do muro.
Quem diz verdade que pensa,
Terá sua recompensa
Mergulhada no futuro.

O espião dedo-duro
Que traiu meu Tiradentes,
Pertence a uma corja
Que vomita descendentes
No chão do muro inteiro,
Cuja pátria é dinheiro
Povoando suas mentes.

Ficando independents
Os povos daquelas ilhas,
Aí Direitos Humanos
Seguiriam boas trilhas —
Mas lembremos que as terras,
Do subsolo às serras,
Da Argentina são filhas.

No raio de poucas milhas
Haveria igualdades,
Cresceria intercâmbio,
Surgindo muitas cidades.
Argentino, malvinense,
Não teriam mais "suspense"
Com tantas hostilidades.

As responsabilidades
Por uma paz mundial
Não compete aos mais pobres.
Sujeitos ao capital
Que vem nos canos furados,
Com juros já descontados
Nesta máfia cambial.

Quem está no pedestal
Até a ONU respeita:
Direita veta Esquerda
Esquerda veta Direita.
ONU inverte ação,
Faz da vítima vilão,
A Liberdade rejeita.

Quem reaje, não aceita,
Nos tribunais vira réu,
A razão vira mentira,
O Inferno vira Céu.
Liricamente de cima
O poeta faz a rima
Rasgando faces do véu.

Na vigília de tetéu,
Vejo eterna premissa
Refletida em bandeiras
Penduradas na adriça
Da vil colonização
Que chama de proteção
O que eu chamo cobiça.

Mas vislumbro com justiça,
No vazio do deserto,
A OEA protetora
Seguindo caminho certo —
Para mim a "OEÁsis"
Plantou o cerne das bases,
Deixando portão aberto.

E eu ao mundo alerto,
Num refrão alvissareiro:
A OEA aprovou
O projeto brasileiro
Dizendo que as Malvinas
São riquezas argentinas...
Ó inglês aventureiro!

Tu atiraste primeiro,
Agredindo a Marinha
Nas Georgias do Sul.
E em nome da rainha
Tu dizes: "Vai ser barbada,
Nem preciso de espada —
Vou deixá-la na bainha".

O homem virou tainha
No juízo dos ingleses —
Se ninguém morder a isca
Ou caminhar com reses,
Vira alvo de canhão,
Irmão matando irmão...
Já fizeram várias vezes.

Os mais fracos são fregueses
Na concepção britânica.
Sou Raimundo Sant' Helena
Com sublimação orgânica,
Execrando no Cordel
A magestade cruel:
Bufando alma satânica...

FIM

Rio de Janeiro, 30.04.1982

Literatura de Cordel RAIMUNDO SANTA HELENA - Folheto 43ZQ97-218, -
Brasil, 5-5-1982 - 10 mil exemplares - Produção artesanal. -
rência: Folheto 42ZP96-208 (10.000 exemplares)→ Intitulado "MALVINAS"-

E AGORA JOSÉ?

osé Humberto Barbosa,
a TVE diretor,
lamenguista convincente
dvogado... doutor
bra lá esse portão
ra entrar este irmão
ordestino trovador.

que já foi assessor
eu Claudio Figueiredo,
o grande brasileiro
não tá no meu enredo.
sei escrever em prosa,
isso Dr. Barbosa
m conto meu segredo:

o domingo, dois, bem cedo,
eu cordel dito "MALVINAS"
antado por Azulão
obre ilhas argentinas...
le fala que é meu,
TVE esqueceu
me deixou em ruínas.

Carnaval, serpentinas...
lembro, outro folheto
a tema no folguedo -
lato LIMA BARRETO".
o não autorizei,
Justiça eu ganhei
aqui me submeto

Pois agora meu livreto
Visto na televisão
Numa cantoria linda
Com Miguel e José João,
Ao ser exposto na praça,
Dizem: "Você fez trapaça,
Plagiando Azulão."

evista posição
julgamento da massa,
for contra um bom nome,
a ele à desgraça.
ant' Helena plagiando?"
povo vai indagando,
compra nada e passa.

Nestas nuvens de fumaça
Nas batalhas das marinhas...
Inglês mata de tocaia
Nestas guerras tão mesquinhas.
José use seu poder,
Mande TVE dizer
Que as "MALVINAS" são minhas...

José Humberto Mendes Barbosa
O novo diretor da TV Educativa

O Presidente João Figueiredo enviou telegrama de condolências ao General Leopoldo Galtieri, em que lamenta a perda de vidas humanas no afundamento do cruzador argentino **General Belgrano** e expressa a simpatia do povo brasileiro.

O "General Belgrano", torpedeado por um submarino, estava fora da área de bloqueio

Buenos Aires denuncia mortes

A Argentina considera o ataque um ato de agressão que viola a Carta da ONU.

Thatcher, sorridente, chega com uma cesta de flores

LONDRES (O GLOBO) — Um caça-bombardeiro argentino Super-Etendard, de fabricação francesa, afundou ontem com um disparo de míssil o moderno destróier britânico "Sheffield". As forças argentinas também derrubaram ontem um avião Sea Harrier

Vi "Lampião" degolar
Cabeças de "coronel".
Já vi mais de mil tragédias
Neste mundo tão cruel.
Mas a Thatcher ministra
Foi a coisa mais sinistra
Nas rimas do meu cordel. FIM

Raimundo SANTA HELENA, O Poeta Repórter, já escreveu mais de 260 poemas e até aqui publicou 97 títulos com 218 mil exemplares. O autor fugiu de casa na Paraíba aos 11 anos de idade / pra vingar a morte do pai assassinado por "Lampião" em 09-06-1926. (O Globo, 03-03-82). CP 17055, Rio, RJ. CEP nº 21312.

E AGORA JOSÉ?

José Humberto Barbosa,
Da TVE diretor,
Flamenguista convincente
Advogado... doutor
Abra lá esse portão
Pra entrar este irmão
Nordestino trovador.

Sei que já foi assessor
Do seu Claudio Figueiredo,
Outro grande brasileiro
Mas não tá no meu enredo.
Não sei escrever em prosa,
Por isso doutor Barbosa
Assim conto meu segredo:

No domingo, dois, bem cedo,
Meu cordel dito "MALVINAS"
Cantado por Azulão
Sobre ilhas argentinas...
Ele fala que é meu,
A TVE esqueceu
E me deixou em ruínas.

No Carnaval, serpentinas...
Me lembro, outro folheto
Vira tema no folguedo —
"Mulato LIMA BARRETO".
Como não autorizei,
Na Justiça eu ganhei
Mas aqui me submeto.

Pois agora meu livreto
Visto na televisão
Numa cantoria linda
Com Miguel e José João,
Ao ser exposto na praça,
Dizem: "Você fez trapaça,
Plagiando Azulão".

Televista posição
No julgamento da massa,
Se for contra um bom nome,
Leva ele à desgraça
"Sant' Helena plagiando?"
O povo vai indagando,
Não compra nada e passa.

Nestas nuvens de fumaça
Nas batalhas das marinhas...
Inglês mata de tocaia
Nestas guerras tão mesquinhas.
José use seu poder,
Mande TVE dizer
Que as "MALVINAS" são minhas...

Vi "Lampião" degolar
Cabeças de "coronel".
Já vi mais de mil tragédias
Neste mundo tão cruel.
Mas a Thatcher minstra
Foi a coisa mais sinistra
Nas rimas do meu cordel".

FIM

Rio de Janeiro, 05.05.1982

[LI]TERATURA DE CORDEL

RAIMUNDO SANTA HELENA

Folheto **219**

GUERRA DE CANUDOS

CENTENÁRIO

Bom Jesus ■ Canudos ■ Bahia ■ 1896/97

(Arraial) rio Vasa Barris

GUERRA DE CANUDOS

Vou narrar pros meus leitores
Num trabalho consciente
A Campanha de Canudos
A maior do continente.
Milhares assassinados
Vencidos caluniados
Na história contundente

Porque Antônio Vicente
Ou Antônio Conselheiro
Era na Comunidade
Santo muito guerrilheiro
Foi de Quixeramobim
Acender o estopim
Na bomba do formigueiro

Do Nordeste brasileiro
Que explodiu em Canudos
Na combustão da miséria
Nos corpos semidesnudos
Quantas balas de canhão
Trituravam no sertão
Esqueletos cabeludos.

Na senda dos meus estudos
Na versão oficial
Aprendi que na Bahia,
Em Bom Jesus (Arraial)
Ao rio Vasa Barris
Amotinados civis
Defendiam Portugal

Num retrocesso feudal
Em favor dos monarquistas
25 mil jagunços
Ditos sebastianistas
Intrigas de jacobinos
Acusando nordestinos
De rebeldes extremistas

Pagos por capitalistas
Pra volverem a História
Combatendo a República
Numa Campanha inglória
Que mentira! Que vergonha!
A verdade que se ponha
Na lembrança da memória.

Fugindo da palmatória
No fim do século findo
Conselheiro "O Beato"
Do Ceará foi saindo
Segurando seu cajado
Com a bíblia abraçado
Capelas foi construindo.

Os famintos lhe seguindo
Do medo rompendo grade.
Lutar contra injustiças
Viver com dignidade!
Seu ideal se compunha —
Foi pra Euclides da Cunha
Galopando na Vontade.

Pensou que fosse verdade
O refrão "Democracia"
Ocupou um lugarejo
Verdejante da Bahia
Terras do interior
É reinado de "doutor"
Conselheiro não sabia.

Uma multidão havia
Pra trabalhar nos roçados
Mas antes em Masseté
Enfrentaram os soldados
Uns trinta policiais
Que segundo os jornais
Quase todos dizimados.

Pras casas de pau fincados
Era preciso madeira
Compraram em Juazeiro
Mas o tenente Ferreira
Em Uauá enfrenta
E duzentos e quarenta
S'enterraram na poeira.

Governo iça Bandeira
Por causa de tanto atrito
Dezoito noventa e sete
Foi ano de mais conflito
Lá na serra de Cambaio
Pajeú diz "Eu não saio
Nem na bala e nem no grito!"

E ali o major Brito
Com dois canhões atirando
Com mais de 500 homens
Metralhadoras tralhando.
Uns 115 mataram
Só quatro dos seus tombaram
Mas Brito foi recuando.

E Pajeú no commando
De milhares de famintos
Caiu em cima das tropas
Nos estreitos labirintos
Não escapou um soldado
O Ministro irritado
Manda vingar os extintos:

"Homens mulheres e pintos
Não escapa nem quem reza
Nesta missão punitiva
Eu mando coronel César
Com as tropas reforçadas
Em direção a Queimadas
Este chefe ninguém lesa!"

Mas Pajeú se enfeza
Embora sendo cristão
Mataram o coronel
E toda expedição
Outra foi organizada
Por generais comandada
Mais de mil mortos no chão.

Irmão matando irmão
No sertão do meu Brasil
Onze meses de confrontos
Morrem mais de cinco mil
Pois na última batalha
Arraial vira fornalha
Com as tropas em funil

Esmagar Poder Civil
Prepotência assassina
É também decisão burra
Matar homens de batina
Em outubro quinto dia
Um "jagunço" não se via
Nem menino nem menina.

Nestas guerras na chacina
Progresso não se alcança
Patriotismo não é
Cantar Hino na matança
Pela Ordem do País
Nutrindo sua raiz
Com sangue da criança.

Vamos guardar na lembrança
Quem lutou pelo direito
De viver em Liberdade
Ou morrer de qualquer jeito
Nas asas da utopia
Eu poeta gritaria
Com todo vigor do peito:

Conselheiro pra Prefeito
E João Cândido Tenente
Padim Ciço Senador
João Pessoa Presidente
Pra Ministro Noel Rosa
No Supremo Rui Barbosa
Pajeú Ex-Combatente.

No Júri da minha mente
O pobre teria terra
Sem apodrecer nas covas
Dos campos-santos da serra
Na Campanha de Canudos
Mais irmãos ficaram mudos
Do que na Segunda Guerra.

A Voz do Povo não erra
Ser pobre não é destino
Com justiça social
Não existe Virgulino
Nem Antônio Conselheiro
Tocai o sino sineiro
Nos funerais do menino.

Cem anos depois o sino
Na matriz da Candelária
São gotas de som vermelho
Nesta data centenária
Mostrando cara da guerra
Contra "sem-casa" "sem-terra"
Cada vez mais sanguinária.

Em qualquer faixa etária:
Matam velhos e menores
Adultos desempregados
Injustiça dos piores
Pois os donos do poder
Escolhem quem vai morrer
Geralmente os melhores.

Pros ricos são folclores
Os crimes pelo mais forte
Este diz "quem nasce pobre
Tem muita falta de sorte".
A sinfonia da vida
Pelo visto foi fundida
Na sinfonia da morte.

Precisamos dar um corte
Nas raízes do critério
Do sistema que festeja
Com sinismo despautério
Apologia do crime
Com o aval do regime
País assim não é sério.

Vai feder no cemitério
Sem tutano na ossada
Quem erigir a estátua
No chão de Serra Talhada
Pra Lampião Cangaceiro
Mas Antônio Conselheiro
É pau de outra jangada.

Minha mãe foi estuprada
Por Lampião sanguinário
Mas Antônio Conselheiro
Foi revolucionário
Que morreu pelos sem-terra.
Essa fratricida guerra
Completa seu centenário.

FIM

eratura de Cordel - Raimundo Santa Helena

Feira Nordestina de São Cristóvão

Literatura de Cordel - Raimundo Santa He

Leef Nº 230 Rio – Brasil, 18-07-19

Feira Nordestina de São Cristóv

Este Cordel substitui a ediç
anterior impressa *com* datas erra

No ano quarenta e cinco
Troquei relíquias de guerra
(No CAMPO DE SÃO CRISTÓVÃ
Pelas lembranças da terra:
Marujo fora do mar
Matuto longe da serra.

Quem disser também não erra
Que foi em quarenta e seis
Que **Osvaldo** motorista
Em maio cinco do mês
Do caminhão pôs no chão
Bugigangas pra vocês.

Cinqüenta e dois foi a vez
Como disse **Azulão**
Dos nordestinos venderem
Além dos teréns na mão
Redes e chapéus de couro
E comidas do sertão.

lioteca Aspirante
RENATO LUIZ

Cinqüenta e oito então
O **"Gordo"** chega e bota
Pra vender mais novidades
(Zé Duda viu e o Mota)
Depois o **Agra** feirante
ASSOCIAÇÃO adota.

Mas aqui não se esgota
A história desta FEIRA
Pois **Manuel Alexandre**
Com "fibras de aroeira"
E mais feirantes fundaram
A UNIÃO verdadeira.

Já não era mais esteira
Espalhada no capim -
Barracas e taboleiros
Com coberturas enfim.
Vavá me disse: "Com chuva
Agora não é ruim."

Literatura de Cordel - Raimundo Santa H

Feira Nordestina de São Cristóvão

A FEIRA chegou assim
Na sua Quinta etapa
Só aos domingos porquê
Não era dia do "rapa".
Hoje temos até SELO
E COOPCAMPO no mapa.

A CULTURA é a capa
Desta FEIRA nordestina
Que nunca será lascada
Pois a vida nos ensina:
Povo desunido morre
Antes da primeira esquina!

A Feira virou buzina
Sem repentes nem cordéis
Só se ouve som mecânico
Com mais de cem decibéis.
Não sobra do estrangeiro
Para nossos menestréis:

4

CRÍTICA

Apelo em cordel contra desrespeito à árvore

O cordel tem como uma de suas características a educação. Os folhetos foram assim aproveitados em diversas campanhas no Nordeste. O poeta popular também se preocupa em educar o povo. Raimundo Santa Helena, que se dedica a defender a ecologia e é incondicional educador, reúne numa quadra ecologia e educação. Em xerox colocada nas árvores próximas-

Duda, Medeiros, Moisés,
Lindalva e Teresinha,
Azulão, Natan, Bezerra...
Cada qual pra Feira vinha
Com pandeiro e viola.
Mas a feira virou rinha.

Antigamente não tinha
Discotecário "valente"
Com barulho violando
Nosso meio ambiente.
"Ou muda ou morre" li
No jornal "Nordeste OXENTE".

Na "Lei - Jurema" recente
Nosso espaço é lei.
Podemos ser transferidos
Pra onde vamos não sei
Se não houver união.
"Vox populi, vox Dei..."

ilogravura
Marcelo
Soares

Já me chamaram de rei
Na imprensa lisonjeira
Mas o Rei é o QUARESMA:
Pra CULTURA Brasileira
Sua Banca de Cordel
É o coração da FEIRA.

(Raimundo Santa Helena)

anca do Cantador, na
Nordestina, no Rio,
onvida aos freqüenta-
a não usar o local
sanitário. ——→

Deus deu à árvore sagrada:
Fruto, sombra, flor, beleza.
Não faça coisa safada
Nas pernas da natureza

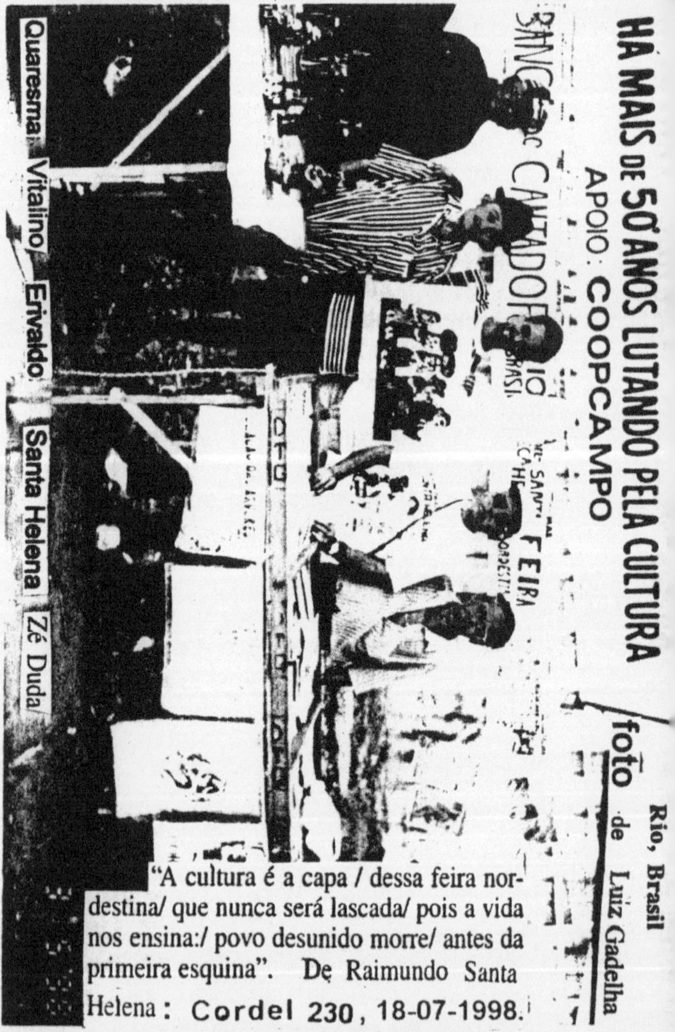

"A cultura é a capa / dessa feira nordestina/ que nunca será lascada/ pois a vida nos ensina:/ povo desunido morre/ antes da primeira esquina". De Raimundo Santa Helena: Cordel 230, 18-07-1998.

Caixa postal 17.055, Rio,RJ, 21312

CORDEL · QUARESMA

FILHOS DE Quaresma, Luís Cláudio e Lúcia Regina, vão continuar com a barraca de cordel na feira do Rio

A barraca do Quaresma, na Feira Nordestina, em São Cristóvão, no Rio, se tornou de vez um símbolo de resistência do cordel. Cícero Quaresma Fernandes, que durante anos manteve a banca, faleceu no finalzinho de julho depois de se sentir mal num domingo. O fim de semana seguinte foi o primeiro em que faltou com a feira e o primeiro em que a barraca não foi montada. Potiguar de Capim Grosso, onde nasceu em 6 de janeiro de 1927, Quaresma deixou os filhos Ana Cristina, Solange, Luís Cláudio e Lúcia Regina. Mas a banca não fechou. Luís Cláudio, vendedor, e Lúcia Regina, corretora de imóveis, decidiram bancar o sonho do pai e manter a barraca do Quaresma, que sempre foi ponto de reunião dos cordelistas radicados no Rio ou que chegassem do Nordeste. Poeta bissexto, Quaresma rimou humildade e amizade por amor ao cordel e, com sua persistência, fez com que agora os filhos continuem seu trabalho na mesma independência.

Oxente
Setembro/98

7

...s nos dá inteligência
...timentos e beleza...
...a NÃO à violência!
...a SIM à Natureza!

...nca de Cordel (do saudoso QUARESMA), Feira Nor–
...stina de São Cristóvão, aos domingos, à esquerda
...quem entra pelo parque, colada à parede do viaduto.
...nformações com a LÚCIA e o QUARESMA FILHO,
...e vendem também meu cordel. (Raimundo Santa Helena)

17.12.98.

Raimundo Santa Helena nasceu em 6 de abril de 1926 num trole rodando à vara. Sua cabeça nasceu na Paraíba e o restante no Ceará. Seu pai, o agricultor e mestre-de-linha da Rede Viação Cearense, Raimundo Luiz do Nascimento, fundador do município de Santa Helena, no sertão paraibano de Cajazeiras, como delegado de polícia, morreu combatendo Lampião e mais 65 cangaceiros que invadiram e incendiaram a vila de "Canto do Feijão", em 9 de junho de 1927 (processo MF-0168-408111/69 da Procuradoria Geral da Fazenda Nacional; Certidão de óbito n.º 3.116, livro 7, folha 75, Cartório MAS de "Antenor Navarro", Paraíba; documentos de dois prefeitos, da Câmara e de 32 habitantes). Sua mãe, Rosinha Ferreira do Nascimento, grávida de cinco meses, foi saqueada, violentada e marcada nas nádegas por Lampião (e seu irmão Ezequiel), com ferro em brasa.

Raimundo Santa Helena, ex-menino de rua em Fortaleza, Ceará, é ex-combatente da Marinha de Guerra, condecorado duas vezes pelo Governo brasileiro (Revista NOMAR, n.º 394/76). Seu pai idealizou os açudes comunitários ("Operação Mandacaru") para que os flagelados das secas não abandonassem suas terras em direção às metrópoles.

Literatura de Cordel – Raimundo Santa Helena – Rio – 18-07-1998 Leef Nº 230

Seu 1º cordel ("Fim da Guerra") foi lançado em 8/5/45. Seu penúltimo, n.º 300 ("Brazilian Amazônia") foi lançado n[a] ECO RIO-92, com repercussã[o] internacional e está sendo divu[l]gado, com uma camiseta d[a] capa ampliada, em New Yor[k]. Raimundo Santa Helena foi c[i]tado favoravelmente mais de [...] mil vezes na imprensa nacion[al] e estrangeira, conforme regist[ro] em 850 recortes de jornais, r[e]vistas e livros e 240 gravaçõe[s] de rádio e TV, arquivados n[a] Cordelbrás. Sua palestra núme[ro] um sobre Literatura de Co[r]del foi realizada em 1980, n[a] CUP, em Jacarepaguá. A 37[...] foi em 1997 no Centro Cultur[al] Banco do Brasil, também no R[io] de Janeiro.

Raimundo Santa Helen[a] fundou a CORDELBRÁS. N[o] pleito de 25/8/83, da Academi[a] Brasileira de Letras, teve 4 vo[]tos. Fundou e registrou a AB[...]

Em 1995, a Câmara Mu[]nicipal do Rio de Janeiro con[]cedeu, por unanimidade, a Me[]dalha Pedro Ernesto ao co[r]delista Santa Helena, propos[ta] pela vereadora Jurema Batist[a]. A Assembléia Legislativa lh[e] outorgou o título de "Cidadã[o] Fluminense", proposto pelo de[]putado Eider Dantas. Raimun[do] Santa Helena tem mais de [...] milhões de exemplares circu[]lando, inclusive um cordel e[m] 10 línguas. Yara Lêdo Maltez

ıassacre *dos* ianomâmis

ratura de Cordel - Raimundo SANTA HELENA - Rio-Brasil-6a.fa.13-8-1993

ACRE DE ÍNDIOS IANOMÂMIS - Cordel 309A Estilos: Septilha e oitavão rebatido

o ano 1.500
iviam nesta Nação
ó os nativos indígenas
as depois da invasão
or falsos civilizados
ndios são exterminados
iram cinzas e carvão...

no local diz "não"
mprensa não inventa.
do sobreviventes
ai de lá sustenta:
16 matanças
ultos e crianças...
ram matar setenta!

chacina violenta
i em Roraima Brasil...
lvez na Venezuela
garimpagem hostil
s selvas do cafundó
uve cruel qüiproquó
civil contra civil!

am mil vezes mil
séculos após
s brancos nas florestas
ndio ser um de nós
se possível fosse
formar em sal o doce
ames os cipós...

Oitavão Rebatido

A aldeia "Haximu"
Parecia matadouro
Como em qualquer reserva
Que tem diamantes... ouro!
Na Amazônia (além)
Garimpeiros vão e vêm
E traficantes também
Na ganância do tesouro...

Isto é um desaforo
Matar os filhos da terra
Como se fossem inimigos
Como se fosse uma guerra -
Tudo por causa das minas...
Mas lembrai-vos das Malvinas
Que são terras argentinas
No reino da Inglaterra!

A ONU diz que não erra
Não humilha não invade
Mas lá país grande acha
Que tem possibilidade
De votar sem cerimônia
E fazer da AMAZÔNIA
Uma enorme colônia
De toda a humanidade...

Nas matas hostilidade
Como aqui é condenável!
Mas quem quer que lá prospere
Sem crime nem miserável
(Agricultor, seringueiro,
Garimpeiro, fazendeiro,
Qualquer um bom brasileiro)
Tem progresso sustentável!

(Raimundo Santa Helena)

ndo Santa Helena:

• Como não quis engraxar de graça as botas de um policial de ermelho, foi por ele derrubado e pisoteado violentamente. Re- se, sangrando, nas "Lojas * * * " de onde foi enxotado. no cine "Majestic" e uma senhora bonita de cabelos grisalhos um endereço em Fortaleza (Rua General Sampaio nº 585), professora Carmen acolheu Santa Helena, deu-lhe um lar, tra- studo e religião. Trabalhando 13 horas por dia e estudando à em galinheiro, fez provas e ingressou na Escola de Aprendizes inha, participou da Segunda Guerra Mundial, foi condecorado zes pelo Governo Brasileiro e hoje é ex-combatente remunera-

zu 1º cordel ("Fim da Guerra") foi lançado em 8-5-45. Seu mo, nº 300 ("Brazilian Amazônia"), foi lançado na ECO-RIO- repercussão internacional e está sendo divulgado, com uma a da capa ampliada, pela loja "Kitschen" (15 Christopher Street, rk). Raimundo Santa Helena foi citado favoravelmente mais vezes pela imprensa nacional e estrangeira, conforme registro recortes de jornais, revistas e livros e 225 gravações de rádio e uivados na Cordelbrás. Sua palestra número um, sobre Litera- Cordel, foi realizada em 1980 na CUP, Jacarepaguá. A 350 foi na FEUC de Campo Grande. Apresenta-se com os cantadores tas. As capas de seus cordéis são ilustradas por Ciro, Joel, , Erivaldo, etc.

imundo Santa Helena fundou a CORDELBRÁS. No pleito de da Academia Brasileira de Letras, teve 4 votos (Antônio Houaiss, s Anjos, Orígenes Lessa e Otto Lara Resende). Recebeu uma 10 mil dólares pelo seu acervo de Cordel incluindo os rascu- s resolveu doá-los à Casa de Cultura São Saruê, Rua Leopoldo 3, Santa Teresa, Rio, idealizada por D. Íris Pereira Bizarro e zada pelo general Umberto Peregrino. Antes da morte trágica filho, Renato Luiz, aspirante do 4º ano da Escola naval (1986).

Santa Helena se correspondia com centenas de pessoas físicas e jurídicas, inclusive 14 universidades estrangeiras e mais de 100 bibliotecas no Brasil e universidades também. Carlos Drummond de Andrade, Gilberto Freyre, Luís da Câmara Cascudo, Jorge Amado, Tancredo Neves, Marcos Freire, Alyrio Cavallieri e o Papa, foram alguns dos ilustres correspondentes. Fundou e registrou a Academia Brasileira de Cordel (ABC) em 1984 (com os colegas) mas desistiu em nome da ética, pois já existia a ABC em Fortaleza, dito por Eno Teodoro Wanke. No 2º domingo do mês Santa Helena está na Feira de São Cristóvão com os repentistas Miguel Bezerra, Zé Duda, Moisés e Medeiros.

Em 1983 Santa Helena foi agraciado com o "Prêmio Porto de São Mateus de Resistência Cultural", ao lado de Gilberto Freyre, Augusto Ruschi e Jorge Amado. Com apoio dos pesquisadores, alunos, professores, colegas e da imprensa, liderou e venceu a batalha contra o dicionário do MEC que renegava o valor do Cordel. Capas de seus folhetos ilustram livros no Japão e na França. Tem mais de 2 milhões de exemplares circulando por aí, inclusive um cordel em 10 línguas. A Ordem Brasileira dos Poetas da Literatura de Cordel (fundada pelo mestre Rodolfo Coelho Cavalcanti) conferiu a Raimundo Santa Helena os seguintes títulos: "Sócio Benemérito", "Medalha de Ouro", "Honra ao Mérito", "Glória à Arte", "Medalha Castro Alves", "Trovador nº 01 do Ano de 1980", "Cidadão da Cultura Popular", "Cavalheiro da Ordem dos Cantadores" e "Cavalheiro e Comendador da Ordem dos Cantadores". (Yara Lédo Maltez, Madrinha dos Trovadores do Brasil. CP 17.055, Rio, RJ, 21312-970).

Dedico este cordel à minha neta Rachel. (Vovô Santa Helena)

MASSACRE DOS IANOMÂMIS

No ano 1500
Viviam nesta Nação
Só os nativos indígenas
Mas depois da invasão
Por falsos civilizados
Índios são exterminados
Viram cinzas e carvão...

Governo local diz "não"
Mas imprensa não inventa.
Ouvindo sobreviventes
A Funai de lá sustenta:
Ouve 16 matanças
De adultos e crianças...
Tentaram matar setenta!

A chacina foi violenta
Foi em Roraima Brasil...
Talvez na Venezuela
Na garimpagem hostil
Nas selvas do cafundó
Houve cruel quiproquó
De civil contra civil!

Mataram mil vezes mil
Cinco séculos após
Homens brancos nas florestas
Pro índio ser um de nós
Como se possível fosse
Transformar em sal o doce
Em arames os cipós...

A aldeia "Haximu"
Parecia matadouro
Como em qualquer reserva
Que tem diamantes... ouro!
Na Amazônia (além)
Garimpeiros vão e vêm
E traficantes também
Na ganância do tesouro...

Isto é um desaforo
Matar os filhos da terra
Como se fossem inimigos
Como se fosse uma guerra —
Tudo por causa das minas
Mas lembrai-vos das Malvinas
Que são terras argentines
No reino da Inglaterra!

A ONU diz que não erra
Não humilha não invade
Mas lá país grande acha
Que tem possibilidade
De votar sem cerimônia
E fazer da AMAZÔNIA
Uma enorme colônia
De toda a humanidade...

Nas matas hostilidade
Como aqui é condenável!
Mas quem quer que lá prospere
Sem crime nem miserável
(Agricultor, seringueiro,
Garimpeiro, fazendeiro,
Qualquer um bom brasileiro)
Tem progresso sustentável!

LITERATURA DE CORDEL PARA CRIANÇA

RAIMUNDO SANTA HELENA

Cruzado Furado

ONRA AO MÉRITO
CULTURA POPULAR
OBRE CONSUMIDOR
PAZ PRAIA PÁSSAROS
GRATIDÃO E TALENTO
HONRA AO MÉRITO
"FIO DENTAL"
PEACE TREE
PORTAS DA FRENTE
FÉ DE MAIS

E o cruzado furado
Na ponta do chifre fino
Sarará em pouco tempo
Com a baba do bovino
Vamos ter mais paciência
Confiar na competência
Do bigode nordestino...

CRUZADO FURADO

Todos os preços subiram
Com muita velocidade
Os aumentos de salário
Só valiam a metade
Zé congela por um ano
Tubarões burlam o Plano
Ninguém foi pra trás da grade...

Porém não tenho saudade
Da falsa revolução:
Com um quilo de cruzeiros
Só se comprava um pão
E Tancredo se revolta
Faz do povão a escolta
Conquistando a Nação...

Mas levou um encontrão
Já eleito Presidente
A Glória Maria sabe
Mas não quer contar pra gente
Com vírus hospitalar
Acabaram de matar
Um bom mineiro valente...

Todavia felizmente
Toma posse o Sarney
E nesta Nova República
Dentro da Ordem (da Lei)
O cruzeiro é trocado
Por este virgem cruzado
De cujo Plano gostei...

Em Mato Grosso do Ney
Quase todo' gado sai
Aumentando os rebanhos
Que pastam no Paraguai
Comerciante ladrão
Quer vender carne de cão
Um dia a casa cai...

O nosso dinheiro vai
Lá pros Estados Unidos
Mas os bifes importados
Aqui estão escondidos
Pros luxuosos hotéis
Pra nós só sobram pastéis
E uns ovinhos cozidos...

Há filas gritos gemidos
Pra comprar carne de boi
O pobre sem proteínas
De tão fraco só diz oi!
Ágio torna tudo caro!
Pra inflação do Funaro
Esse ágio nunca foi...

Nem' Compulsório! Perdoe
Presidente meu belisco:
Vi no seu olho direito
Lá no cantinho um cisco
Atrapalhando a vista
E o mau pecuarista
Não teve logo confisco...

Temos que virar o disco
E a folha do discurso
Ninguém renova diploma
Se não renovar o curso
Chega de jogar confete
A rima só se repete
Quando não há mais recurso...

Tem muito "amigo urso"
Farejando pelo "mato"
Do Governo Democrata
E ainda quer mandato
Pra ser um constituinte!
Basta ser tele-ouvinte
Para constatar o fato...

Sarney tem "pulo de gato"
E vai usá-lo na hora
Vai chorar o mau que rir
Vai sorrir o bom que chora
E pra quem foi não voltar
Quem veio atrapalhar
Zé mandá-lo-á embora...

Chibata canhão espora
Neste País nunca mais!
Nem ditadores fardados
Nem multinacionais!
Samir tem 100 mil bois gordos!
SUNAB faça acordos
Sem bois magros dos currais...

Deputados federais
Ministros e senadores
Deputados dos Estados
E até vereadores
Muitos são pecuaristas
Vi outros nomes nas listas:
Vices e governadores...

Vejam leitores leitoras
José Sarney acuado:
Se desapropria' carne
Pelos ricos é xingado
Mas se não o faz o pobre
Acusa Sarney de nobre!
Governar é complicado...

E o cruzado furado
Na ponta do chifre fino
Sarará em pouco tempo
Com a baba do bovino
Vamos ter mais paciência
Confiar na competência
Do bigode nordestino...

Do velho ao pequenino
Militar e operário
Estudante professor
Pequeno funcionário:
Sarney seu triunfo sele —
Num decreto descongele
Nosso modesto salário...

FIM

FÉ DEMAIS

Jesus e Buda fizeram
Tudo que Deus ordenou:
Tentar tirar os pecados
Do mundo que Deus criou...
Satanás entra de sola
Mais doido do que Brizola
Até Deus no Céu chorou...

Catolicismo chegou
Protestantismo também
Um vem pra mim e diz vai
O outro vai e diz vem
Calvinistas anglicanos
Zaruristas luteranos
Ninguém sabe quem é quem...

Tanto faz pegar um trem
Um jumento avião
Pedalar de bicicleta
Ou andar com pés no chão
Os passageiros mortais
Só terão dois terminais:
Um de Deus, outro do Cão...

Quem é de fato cristão
Com qualidades morais
Não dá o seu dinheirinho
Aos Pregadores boçais
Que nos cultos epicenos
Xingam quem tem fé de menos
Roubam quem tem fé de mais...

FIM

PAZ

A Terra com tantas bombas
Está sendo destruída!
Quem morre não tem resposta
Quem vive não tem comida!
Pela voz do CONDEPAZ
Fazer guerra nunca mais!
Sangue só pra salvar vida...

PRAIA

Eu vi mulheres nas praias
Cavando que nem tatus
Queimando que nem coivara
Dos corpos fazendo cruz!
Espuma branca no sol
Faz da onda um lençol
Roçando nos seios nus...

PÁSSAROS

Os pássaros nos encantam
Cantam e comem inseto
Merecem mais proteção
Mais espaço e afeto
Quem mata um passarinho
Ou qualquer outro bicinho
Não é gente é um feto...

PORTAS DA FRENTE

O povo uniu as forças
E venceu a ditadura
Mas se não houver cabeça
A Liberdade não dura
Pra ela ser permanente
Vamos entrar pela frente
Pelas portas da cultura...

GRATIDÃO E TALENTO

Peregrino e Joseph primeiros
Que me deram com fé as suas mãos
Também Neuma, Samira mais irmãos
Cáscia, Átila tu e os Louzeiros!
Vi no CLA do Fundão com violeiros
Lá na Feira Primeira de Cultura:
Estilete madeira e ternura
Manobrados no chão pela menina

Nome lindo que é Vera Cristina
Esculpindo pra nós xilogravura...

HONRA AO MÉRITO

Da Ordem seu Presidente
O Rodolfo Cavalcante
Do Cordel um Rei brilhante
Recebi solenemente
Um Diploma ou Patente
Pra quem por tudo que fez
Tornou-se com altivez
Dos Trovadores Madrinha:
Meu amor minha Rainha
Yara Lêdo Maltez!

FIO DENTAL

Para preservar a vida
Os atos sexuais
São divinos temperados
Com belezas visuais!
O bumbum só tem a tira —
Por que a moda não vira?
Os direitos são iguais...

LITERATURA DE CORDEL PARA CRIANÇA
RAIMUNDO SANTA HELENA

REFORMA AGRÁRIA AGORA E DUELO DE DANTE COM MESQUITA

No ano mil e quinhentos
O Brasil é descoberto:
Rezam missa coisa e tal
Matam índios mais de perto
Queimam plantas e raiz ...
Agora nosso País
Pode virar um deserto!

Violência não dá certo
Ó ricaços fazendeiros
Que sozinhos têm mais terras
Que países estrangeiros!
Os sem-terras nem cruzados
Não vão ser mais alugados
Nem serão lã de carneiros ...

Até mesmo violeiros
Comandados por Baccaro
De Olinda vão buscar
Pelo Brasil mais amparo
Para Reforma Agrária
Pois a posse arbitrária
É um processo mais caro ...

Ó Sarney Dante Funaro
Mesquita Aureliano
A Nova Constituinte
Vai pacificar o Plano:
Votamos pra não ter guerra!
Na redivisão da terra
Não pode haver engano ...

Dante de Oliveira -
Fernando é por um ano
Porta-voz de Zé Sarney!
Sou presidente do INCRA
E até hoje não sei
Que Diabo deu em você
Me acusando já quê
Nunca matei nem roubei...

-Realmente eu falei
Que na reforma da terra
Está assim de corruptos
E um porta-voz não erra
Sei que você é honesto
Meu amigo mas o resto
Sopra no lugar que ferra ...

Dante de Oliveira -
Um bom cabrito não berra
Mas tive que reclamar
E pra terminar a briga
Sua voz vai se calar
Você só terá ouvidos:
"Ouvidor dos tempos idos"
Acabam de decretar ...

-As reformas vão castrar
Reinados de "Coronel"
Porque a Constituinte
Não vai ser só no papel!
Mesmo no Plano Cruzado
O povo quando roubado
Vira rebelde quartel ... F I M

Folheto 251-1350. Rio, Brasil, 19-12-1986.

BIOGRAFIA

01. Raimundo Santa Helena foi parido no dia 6 de abril de 1926 num troie rodando à vara. Sua cabeça nasceu na Paraíba ("Canto do Feijão", hoje "Santa Helena") e o restante nasceu no Ceará ("Baixio", a 6 quilômetros), porque sua mãe, cearense morando na Paraíba, queria, pelo menos, um filho conterrâneo... não deu!

02. Seu pai, Raimundo Luiz do Nascimento, agricultor, mestre-de-linha e delegado de polícia, foi o fundador do município de "Santa Helena" e o posseiro legal número um. Ali morreu combatendo Lampião e mais 65 cangaceiros que invadiram e incendiaram a cidade em 9 de junho de 1927*. Sua mãe, Rosa Ferreira do Nascimento, estava grávida de 5 meses e foi maltratada pelos bandidos, que ainda tentaram matá-la. Na primeira punhalada defendeu-se com um ferro de engomar a carvão e na segunda foi salva pelo cabra "Jararaca", amigo de infância de Raimundo Luiz. Na hora do tiroteio Santa Helena (com 14 dias de idade) foi camuflado com capim seco numa cacimba velha sem água, onde uma virgem (Chiquinha) o acalentou com os seios nus. * (Processo MF-0168-408-111-69, da Procuradoria Geral da Fazenda Nacional e carta GC-119/1980 da Presidência da República).

03. Em 1934 ("São João do Rio do Peixe", hoje "Antenor Navarro", Paraíba), Santa Helena viu sua mãe chorar ajoelhada, implorando ao tabelião Deoclécio Cypriano Maniçobra, ao "coronel" Bento Teixeira e a um juiz, que as terras de seu finado marido (um quinto do município de "Canto do Feijão") lhe fossem restituídas, pois, por um documento de 28-2-1928 aqueles poderosos haviam surrupiado aquelas terras de herança da viúva e 3 filhos menores, herdeiros do herói. Os documentos originais de posse foram queimados pelos cangaceiros na luta de 1927.

04. No 2º documento de 1928 só constavam as 7 casas sem as terras respectivas nem o açude que tinham sido transferidos numa escritura paralela ao "coronel", a quem Dona Rosinha foi coagida a vender as casas. E sem pagar nenhum tostão Bento a expulsou das propriedades a tiros de espingarda, xingando todo mundo de filhos da puta. Sem defesa, foram morar num quarto alugado ao Antônio Rolim. A mãe de Santa Helena foi ser lavadeira e ele e seus irmãos Santo e Toinho carregavam latas d'água do cacimbão feito pelo saudoso pai. Para encher as caixas de banho dos comerciantes e fazendeiros as crianças acordavam de madrugada. Ainda vendiam cocada e tapioca aos passageiros do trem parado tomando água.

05. Certa vez, numa noite chuvosa, Santa Helena viu de sua rede, no clarão dos relâmpagos, quando sua mãe, com uma espada, pela fresta da porta matou um forasteiro que queria estuprá-la. Tudo isso marcou a alma do poeta de cordel.

06. Ao meio-dia de 31-12-1937 Santa Helena saiu de casa num trem de madeira para matar Lampião. Mas foi expulso em "José de Alencar" e dali foi trabalhar em "Barbatana" como agricultor e lenhador, cuja lenha era vendida em Iguatu (5 horas a pé com o jumento "Jaburu"). No mercado recitava versos decorados.

07. Depois foi pra Fortaleza como pau-de-arara, dormiu na sarjeta (Igreja da Sé), comeu restos de comida (Mercado Municipal), porém se reabilitou trabalhando 13 horas por dia como baleiro da professora Carmen e estudando à noite num galinheiro, à luz de lamparina, discutindo com o galo. Aí Santa Helena já sabia que o Lampião que caçava poderia ser visto em qualquer esquina do mundo.

08. Em 1943 Santa Helena fez provas e ingressou na Marinha de Guerra como aprendiz-marinheiro. É ex-combatente, condecorado 2 vezes pelo Governo.

09. Seu 1º poema, "Fim da Guerra", publicado em 8-5-1945, o levou à prisão. Já escreveu 500 títulos, com 250 publicados. Tem um milhão e 350 mil exemplares circulando em 10 línguas (Português, Espanhol, Inglês, Russo, Japonês, Alemão, Francês, Holandês, Esperanto e Italiano), "em 13 países", escreveu o saudoso Rodolfo Coelho.

10. R. Santa Helena foi citado favoravelmente pela imprensa mais de 1.500 vezes (425 recórtes de jornais e 100 gravações de rádio e TV nos arquivos). Fez 305 palestras sobre Literatura de Cordel (1980/86). Já cursou nos EEUU. Foi Coordenador dos Prêmios Literários Nacionais (MEC), elogiado pela imprensa em 8-2-69.

11. Fundou a COORDEL-RIO e a CORDELBRÁS. É sócio da Ordem Brasileira dos Poetas da Literatura de Cordel (OBPLC) e por ela foi agraciado com os títulos de Cidadão da Cultura Popular, Cavaleiro da Ordem dos Cantadores, Honra ao Mérito, Glória à Arte e Sócio Benemérito. Foi eleito 4 vezes presidente de um Círculo de Pais e Mestres, formou-se em Jornalismo pela UPI, fez 6 meses de Letras (FCL), 2 meses de Filosofia (UFRJ), 2 meses de Russo, 2 anos de Violão e 4 anos de Inglês, obtendo um diploma da Universidade de Illinois. Foi presidente da ASSM, suplente da Câmara Federal e teve 4 votos na Academia Brasileira de Letras.

12. Recebeu uma oferta de 10 mil dólares de uma universidade estrangeira pelo seu acervo de Cordel mas resolveu doá-lo à Casa de Cultura São Saruê em 30-10-1986, Rua Leopoldo Fróes. 83, Santa Teresa, Rio (252-2393, Umberto Peregrino). ——— Yara Lêdo Maltez. Caixa postal 17.055, Rio, 21312

O perfil de RAIMUNDO SANTA HELENA

Prossegue, na próxima quarta-feira, a partir das 15 horas, o **Projeto Perfil**, iniciativa conjunta do Sindicato dos Escritores e da Bolsa de Valores do Rio de Janeiro e que consiste em entrevistas gravadas em video com personalidades de reconhecida importância para a vida cultural de nossa cidade.

O convidado é o poeta de cordel Raimundo Santa Helena.

Jornal dos Sports, Domingo, 16/11/86

José Louzeiro (Presidente do Sindicato

REFORMA AGRÁRIA AGORA E DUELO DE DANTE COM MESQUITA

No ano mil e quinhentos
O Brasil é descoberto:
Rezam missa coisa e tal
Matam índios mais de perto
Queimam plantas e raiz...
Agora nosso País
Pode virar um deserto!

Violência não dá certo
Ó ricaços fazendeiros
Que sozinhos têm mais terras
Que países estrangeiros!
Os sem terras nem cruzados
Não vão ser mais alugados
Nem serão lã de carneiros...

Até mesmo violeiros
Comandados por Baccaro
De Olinda vão buscar
Pelo Brasil mais amparo
Para Reforma Agrária
Pois a posse arbitrária
É um processo mais caro...

Ó Sarney Dante Funaro
Mesquita Aureliano
A Nova Constituinte
Vai pacificar o Plano:
Votamos pra não ter guerra!
Na redivisão da terra
Não pode haver engano…

Dante de Oliveira

Fernando é por um ano
Porta voz de Zé Sarney!
Sou presidente do INCRA
E até hoje não sei
Que Diabo deu em você
Me acusando já que
Nunca matei nem roubei…

Fernando Mesquita

Realmente eu falei
Que na reforma da terra
Está assim de corruptos
E um porta-voz não erra
Sei que você é honesto
Meu amigo mas o resto
Sopra no lugar que ferra…

Dante de Oliveira

Um bom cabrito não berra
Mas tive que reclamar
E pra terminar a briga
Sua voz vai se calar
Você só terá ouvidos:
"Ouvidor dos tempos idos"
Acabam de decretar...

Fernando Mesquita

As reformas vão castrar
Reinados de "Coronel"
Porque a Constituinte
Não vai ser só no papel!
Mesmo no Plano Cruzado
O povo quando roubado
Vira rebelde quartel...

FIM

ratura de Cordel

RAIMUNDO SANTA HELENA

COMETA
HALLEY

COMETA HALLEY

Há setenta e seis anos atrás
Um cometa (o Halley) foi visível
Pra revê-lo no Rio é possível
Com conforto e lindos visuais
Em novembro dezembro muito mais
RIOTUR vira festa bem gostosa
Na cidade que é maravilhosa
E no Pão de Acúcar Corcovado
Tudo vai pelo Halley ser banhado
Lá do céu pela cauda luminosa...

Muito antes da vinda de Jesus
Alguém viu o cometa e falou
Dois mil anos depois se confirmou
O fenômeno cíclico da luz
Doutor Halley um nome que faz jus
Pois previu intervalo acertado
E o povo de cima do telhado
Tinha medo de "gases venenosos"
Confundindo os pontos luminosos
Das estrelas no céu por todo lado...

Pois da última vez nossos avós
Tinham pouca visão do infinito
Para eles até meteorito
Cairia durante ou após
Universo agora entre nós
Não acaba nem mesmo pra quem morre
E nos bares talvez alguém de porre
Nos aponte no céu línguas de fogo
E Yara Maltez disse: "No jogo
Da conquista só perde quem não corre!"

No passado voavam nos balões
Pra ver o cometa mais de perto
Cada olho buscando bem aberto
Algo mais sensual que os trovões
Hoje temos foguetes aviões
No passado convento e cenáculo
Na ciência viam obstáculo
E os raios do Halley quilométricos
Pros avós pareciam ser elétricos
Hoje vemos no céu um espetáculo...

Dia 11 de setembro deste ano
Riotur festejou com o turista
Carioca repente cordelista
13 anos de vida me ufano
De juntar-me à turma do Trajano
Preparando a vinda do cometa
E veremos até sem a luneta
O foguete de Deus comemorando
Liberdades que vamos conquistando
Sem espada canhão nem baioneta...

E o Halley se vê até abril
Numa lenta crescente nitidez
Todo mundo até o japonês
Vê melhor o cometa no Brasil
Neste céu mais azul do que anil
Nesta terra do Rio de Janeiro
O nativo bem como estrangeiro
Isolado ou numa caravana
Nas montanhas também Copacabana
Até samba faremos pro halleyro...

RIOTUR vem fazendo propaganda
No seu guia falando português
É escrito também num bom inglês
Município do Rio é varanda
E aqui o turista é quem manda
Na escolha dos seus divertimentos
E os dados vai ter nos pensamentos
Pra gozar o melhor de sua vida
Neste Rio Cidade tão querida
Tendo Halley na crista dos eventos...

Quem tem sorte dinheiro e não goza
É melhor por a roupa de palhaço
É preciso viver cada pedaço
Eu falei pra Lindita... Alda Rosa
Pra Alzira... ASTUR na minha prosa
Com Bezerra e Paulo repentistas
Salve salve a vinda dos turistas
Pois aqui tem belezas Carnaval
Tem forró boas praias festival
Tem o Halley floresta e sambistas...

Geração do passado só temia
Que o Halley trouxesse a desgraça
Porém hoje brindamos com cachaça
O fenômeno da Astronomia
Na esteira de minha rebeldia
Vou jogar com as cartas de profeta
Do curinga eu faço minha seta
E num longo impulso do meu braço
Vou lançá-la no corpo do espaço
Numa órbita livre mas direta...

Se o Halley "Estrela de Natal"
Repetir a legenda conhecida
Quero ver os Reis Magos com comida
Saciando a fome da geral
E o texto da Bíblia Marginal
A dizer: "Das entranhas de um ovo
Pipocou um Menino Jesus Novo
Lá no chão sem capim do velho Mangue
Sem ter AIDS nos glóbulos do sangue"
Retocando as crenças do meu povo...

Quero ver o cometa vomitando
Um antídoto contra ditaduras
Desemprego miséria torturas
Quero vê-lo no céu sempre brilhando
A coragem do povo redobrando
Pra lutar pela paz e a justiça
Soerguendo no topo da adriça
A bandeira da honra da vergonha
Sua base concreta que se ponha
Bem distante da lama movediça...

Quero ver o cometa na viagem
Penetrar no miolo das cabeças
Das rainhas dos reis condes condessas
E dos fortes governos de passagem
E lá dentro fazer uma lavagem
Reagan-Thatcher-Botha-Pinochet
(Circunflexo no "e" rima sem "t")
Todos eles e outros sem respeito
Às conquistas da força do direito
E a ONU fingindo que não vê...

Quero ver o calor desse cometa
Derretendo a fúria do Poder
Que procura nas armas se manter
Colocando a sorte do Planeta
No gatilho botão ou espoleta
Quero ver o calor num só Segundo
Tendo Deus nas alturas como fundo
Do clarão na abóbada azul
Nos States e África do Sul
Transformando em negros todo mundo...

Sua cauda pretendo amarrar
Com os laços da minha ficção
Pra puxar o "Titânico" senão
Vai haver muito lixo lá no mar
Porque só artefato nuclear
Talvez possa no fundo ter acesso
Porque são quatro mil metros eu peço
Que os ossos ou corpos vão direto
Lá pro Céu povoar aquele Teto
Teologicamente sem progresso...

Quero ver sua longa cabeleira
Derramar uma chuva de amor
Transportando pra nós o seu calor
Com o peso brutal da cachoeira
Inundando a vida passageira
Com espuma de gotas coloridas
Nivelando as almas consumidas
E as fontes perenes de riqueza
Eis aí um perfil da Natureza
Liberando as forças conhecidas...

Em oitenta e seis em fevereiro
Dia 9 o Halley chegará
Lá mais perto do sol onde terá
O calor culminante veradadeiro
Extensão e mais brilho bem ligeiro
Fumegante procura retornar
Ao sistema chamado de solar
Cinco sondas então que vão caçá-lo
Na poeira veloz vão pesquisá-lo
E na crosta do gelo penetrar...

Em meados de março previsões
Do encontro das sondas com partículas
(As ideias contrárias são ridículas)
Porque tem que haver as colisões
Com os gases brilhantes (turbilhões)
Se as ondas lá forem destruídas
Novas sondas serão reconstruídas
Pelos jovens benditos descendentes
Mas adultos esperam conscientes
Que em março dirão: Missões cumpridas!

Cientistas pesquisam pra saber
A origem de múltiplos critérios
E no Halley (no núcleo) há mistérios
Que até o astrólogo quer vez
Pois a Lua não pôde responder
Pelas pedras que já tiraram dela
A pergunta do velho à janela
Repensada nas nuvens do cigarro:
Por que foi que Deus fez Adão de barro
E por que fez a Eva da costela...

Novidade não dura qual o monte
Tem no tempo a sua bactéria
Que destrói cromossomos da matéria
Mas o Sol de manhã no horizonte
Reaquece os trilhos e a ponte
Sou poeta do cosmo das nações
Meus folhetos (já quase dois milhões)
São raízes congênitas das terras
Tudo fiz pra não ver malditas guerras
Mergulhando nas novas gerações...

FIM

Rio, Brasil, 09.09.1985

Edição	Jorge Sallum
Co-edição	Bruno Costa
Capa e projeto gráfico	Júlio Dui e Renan Costa Lima
Programação em LaTeX	Marcelo Freitas
Assistente editorial	Bruno Oliveira
Colofão	Adverte-se aos curiosos que se imprimiu esta obra nas oficinas da gráfica Bandeirantes em 29 de fevereiro de 2012, em papel off-set 90 gramas, composta em tipologia Walbaum Monotype de corpo oito a treze e Courier de corpo sete, em plataforma Linux (Gentoo, Ubuntu), com os softwares livres LaTeX, DeTeX, VIM, Evince, Pdftk, Aspell, SVN e TRAC.